食べて、楽しい！
日本料理の食彩細工の技術

―野菜、フルーツで作る装飾演出―

森脇公代・著
大田忠道・監修
百万一心味 天地の会

旭屋出版

まえがき

日本料理は、単にでき上がった料理が持つ味を楽しんでいただくだけではありません。〝はしり〟〝旬〟〝名残り〟という四季の食材や季節の趣きを大切にして料理をつくり、季節感も味わっていただきます。その季節感の味わいは、季節の食材を使うだけではなく、野菜や果物でつくる季節の花や鳥、虫などの飾り切りを料理に盛ったり、飾ることで、料理に彩りと華やかさを加え、季節の風情を表現します。

ただ、残念ながら多くの場合、飾り切りは飾りや演出物としての役割が大きく、視覚効果を重視する傾向があります。これに対し、日本料理界をリードする大田忠道氏は飾り切りは本来、料理の一つでおいしく食べられるようにするべきという考えから、飾り切りではなく〝食彩細工〟と名付け、新しいコンセプトを創られました。その考えに感銘し、今回、大田忠道氏の監修のもと、見せるだけの細工でなく、料理としての細工、すなわち食彩細工の本をつくることにいたしました。

本書では、料理に活用する食彩細工、器として活用する食彩細工、歳時や行事に活用する食彩細工、冠婚葬祭に活用する食彩細工と、食彩細工を4つのカテゴリーに分け、料理を紹介しています。さらに、食彩細工のための基本技術から高度な細工技術までわかりやすくカラー写真で手順を解説。だれでも楽しく食彩細工ができるよう構成しました。最後に、ソープカービングの作品も紹介しています。

この一冊で、食彩細工が広がりを見せ、皆様が楽しめるようになれば幸いです。

森脇　公代

食べて、楽しい！日本料理の食彩細工の技術

目次

第二章 食彩細工の技術 63

第一章

飾り切りで日本料理の魅力を高める

飾り切りを料理する

作り方 130P

食彩細工

- さつまいもの俵
- 南瓜の松茸
- かぶの菊
- ゆずの釜
- 黄パプリカのいちょう
- 小鯛の雀
- にんじんしんじょのもみじ

秋の八寸

さつまいもは裏漉して米俵に、ごぼうの道明寺揚げを稲穂に見立て、里山に訪れた実りの秋を表現しました。和え物や銀杏豆腐を盛りつけたゆずの皮は、器と料理の香りづけを兼用しています。

初春の八寸

作り方 131P

大根とにんじんで作った太鼓橋の八方煮中心に、河原のうららかな春を感じさせる細工を組み合わせました。

食彩細工

- 新ごぼうのつくし
- 大根の花びら
- 大根の太鼓橋
- そら豆のカエル
- にんじんの桜

蟹の砧巻き

食彩細工

- にんじんの
  もみじ
- 大根のもみじ
- 蛇腹きゅうり

砧巻きも軽く切り込みを入れて上面を開けば、華やかな花飾りに変身します。

作り方 131P

銀杏豆腐

食彩細工

- 冬瓜の
  青もみじ
- にんじんの
  赤もみじ
- 赤パプリカの
  赤もみじ
- 黄パプリカの
  いちょう
- さつまいもの
  いちょう

食材や細工のサイズに変化をつけ、色とりどりの木の葉を一皿のなかに盛り込みました。

作り方 131P

五月の八寸

作り方 132P

さつまいものシロップ煮と小かぶの八方煮を器として活用。葉野菜の根元は切り口を整えるだけで、立派な花飾りに早変わりします。

食彩細工

- さつまいもの釜
- 小かぶの釜
- ちんげん菜のバラ
- ラディッシュの飾り切り

なめこと占地の白和え

食彩細工

- 柿の釜
- にんじんのもみじ

柿の器からほのかに漂う甘い香りが白和えに交わり、秋の味わいがいっそう深まります。

作り方 132P

葡萄《ぶどう》のみぞれ和え

食彩細工

- パプリカの木の葉

生ぶどうのみずみずしい先付に、木の葉パプリカの甘酢漬けをアクセントとして添えました。

作り方 133P

細魚《さより》のうぐいす仕立て

作り方 133P

サヨリの頭を垂直に立てて飾り、愛嬌たっぷりのうぐいすに見立てた姿造りです。冬瓜の器に盛りつけ、同じくウリ科のきゅうりを器がわりに添えることで、風合いに統一感を持たせています。

食彩細工

- 冬瓜の器
- きゅうりのわさび置き
- よりにんじん

伊勢海老の姿造りと鯛の松皮造り

作り方 133P

きらびやかな竜宮城の世界をイメージ。味噌入りの門松は箸休めとして食べられ、長寿亀は薬味小皿のふたとして活用しています。

食彩細工

- きゅうりの門松
- 南瓜の亀
- 小いもの釜

初夏の造り盛り合わせ

作り方 133P

コリンキー(南瓜の品種)の個性的な形を活かし、鮮やかな車エビと花穂紫蘇を盛りつけて取っ手つきの花かご風に仕上げました。

食彩細工

- 南瓜の花入れ
- よりにんじん
- よりきゅうり

鯛とサーモンと車海老のお造り

作り方 134P

刺身とトマトで形作った花づくしの一皿。中央にドライアイスを忍ばせ、演出にも趣向を凝らしています。

食彩細工

- トマトの椿
- ラディッシュの飾り切り
- にんじんの花びら

鱧の湯引きとポン酢漬け

作り方 134P

食彩細工

- ラディッシュの飾り切り

色鮮やかなラディッシュは簡単な模様を彫るだけで、どんな料理にも合わせやすい手まり風の飾りになります。

鯛のカルパッチョ

作り方 134P

シロップ煮にしたさつまいものバラは、上面を軽く焦がして風合いにニュアンスを出しました。

食彩細工

●さつまいものバラ

おでん盛り合わせ

食彩細工

- 南瓜のひまわり
- 南瓜の木の葉
- 大根の井桁
- 大根のあやめ
- にんじんのコスモス

地味になりがちなおでんも形に少し趣向を凝らすだけで一気に華やぎます。

作り方 135P

冬の炊き合わせ

作り方 135P

目先を変えて、同じ花の細工をしんじょの射込みと器の２種類に仕立てています。

食彩細工

- かぶの松ぼっくり
- かぶのふたつき器

春の炊き合わせ

食彩細工

- うどのたけのこ

うどの穂先をたけのこに見立てました。後ろには本物のたけのこが隠れている遊び心ある一皿です。

作り方 136P

初夏の炊き合わせ

食彩細工

- 南瓜の帆掛け舟

八方煮にした南瓜に海の幸を盛り合わせて豪華な宝船に。細工が崩れないよう、南瓜は少なめのだしで炊くのがポイントです。

作り方 136P

鱸《すずき》の甘酢あんかけ

作り方 137P

八方だしで炊いた細工野菜を盛り合わせました。紫にんじんだけは素揚げして、見た目の質感と食感に変化をつけてあります。

食彩細工

- 南瓜のひまわり
- にんじんの
  とうもろこし
- 大根と紅芯大根のあじさい
- 紫にんじんの朝顔

鮑の柔らか煮

食彩細工

●南瓜の器

煮込んだ鮑を南瓜の器に入れて一緒に蒸し上げます。鮑のおいしいだしが染み、器ごと一体感のある味が楽しめます。

作り方 137P

風呂吹き大根

食彩細工

●大根の釜

主役の大根を花形に成形し、蟹身と菊花の吉野あんをかけて、池に浮かぶ蓮を思わせる一皿に仕上げました。

作り方137P

鮭の味噌漬け

食彩細工

- 南瓜のとうもろこし
- ズッキーニのかぶとむし
- なすのかぶとむし
- かぼすの飾り切り

なすとズッキーニのかぶとむしは素揚げにし、形と色の鮮やかさをキープしています。南瓜は八方だしで煮てバーナーで炙り、焼きとうもろこしをリアルに再現しました。

作り方 137P

秋刀魚《さんま》の祐庵焼き

作り方 138P

おろし身を三つ編みにして焼いてみました。均一に焼き上げるには
細心の注意が必要で、焼きの技術が要求される細工です。

食彩細工

- 秋刀魚の編み込み

魳《かます》の祐庵焼き

作り方 138P

ミニ木の葉は型で抜くだけのお手軽細工ですが、主張しすぎず、
料理にさっと季節感を添えてくれる便利なアイテムです。

食彩細工

- パプリカの木の葉

魳《かます》のきのこネーズ焼き

食彩細工

- さつまいものいちょう
- ぶどうの飾り切り

さつまいもをクチナシの実と一緒に皮ごとシロップ煮にし、秋らしい2色の対比が美しい細工に仕上げました。

作り方 138P

いちじくの天麩羅

食彩細工

- パプリカの木の葉

いちじくとカスタードクリームを合わせたやさしい味わいの料理には、シロップ漬けのパプリカを1枚だけ添えて上品に。

作り方 139P

蒸し鮑となす田楽

作り方 139P

なすの器に赤玉味噌を詰めて素揚げしました。上部に海老や冬瓜をのせて味噌を隠し、食べたときに驚いていただけるよう工夫しています。

食彩細工

- なすの茶壷
- 冬瓜のひょうたん
- 冬瓜の青もみじ

花の炊き合わせ

作り方 139P

ビーツは海老しんじょ射込み、南瓜は鶏そぼろ入りの茶巾、大根は白八方煮と、3種の草花飾りを異なる調理法を用いて味と食感を変化させ、飽きのこないおいしさに仕上げました。

食彩細工

- ビーツの松ぼっくり
- 南瓜のダリアの花
- 大根の菊

鯛の吹き寄せ蒸し

作り方 140P

海老や銀杏などを混ぜたかぶら万頭に、野菜の小さな細工をちらした彩り豊かな一品です。

食彩細工

- にんじんのもみじ
- パプリカのいちょう
- パプリカの木の葉

柿万頭

作り方 140P

種と芯を取った柿に飾り切りを施し、生湯葉を射込んで蒸し上げています。飾り麩と菊花で細工に彩りを添えました。

食彩細工

- 柿の飾り切り

和牛と野菜の炒め物

作り方 140P

星形のパプリカをちんげん菜の上にあしらい、葉野菜の繊維を活かして流れ星に見立てています。

食彩細工

- パプリカの星
- 大根のあじさい
- 冬瓜の木の葉

作り方 140P

食彩細工

- きゅうりのカエル
- 南瓜の木の葉
- 南瓜のうちわ
- 南瓜の流れ星
- にんじんのダリア
- 冬瓜の朝顔の葉
- パプリカの星

夏のサラダ

作り方 141P

夏野菜に夏らしい多用な細工を施しています。どんな形が隠れているのか探しながら楽しんで召し上がっていただけるサラダです。

サラダスティック

作り方 141P

斜めに筋を入れる飾り切りは、シンプルながら華やか。
スピーディーに彫れるので宴会などでも活躍します。

食彩細工

- 長芋の飾り切り
- にんじんの飾り切り
- きゅうりの飾り切り

なごり鱧の南蛮漬け

食彩細工

- 赤パプリカの金魚

料理に彩りを添えるパプリカは、南蛮漬けと飾りの両方に使用。飾りは甘酢漬けにし、味に変化をつけています。

作り方 141P

北寄貝とツブ貝の土佐酢ジュレがけ

食彩細工

- ラディッシュのバラ
- にんじんのもみじ

宝石のようにきらきらと輝くジュレは花の細工と好相性。ジュレが、ラディッシュの紅色のバラを気品高く見せてくれます。

作り方 142P

野菜の和風サラダ仕立て

作り方 142P

アスパラガスを茎に見立て、桂むき大根で包んでブーケ風に
盛りつけます。母の日にも喜ばれる飾り方です。

食彩細工

- にんじんの花
- 赤パプリカのもみじ
- 黄パプリカのいちょう

フルーツのスイカ盛り

作り方 142P

くり抜いたスイカをフルーツポンチの器に活用。ふたに彫ったうさぎ模様は、お月見シーズンに活躍します。

食彩細工

- スイカの器
- さつまいものバラ

フルーツ盛り合わせ

作り方 142P

りんごの底を皿にしてずんだ羊羹を盛りつけて、網かごの細工を施した上部をふたがわりに被せます。羊羹の色が網かごの間から覗くのがおしゃれです。

食彩細工

- りんごの網かご
- オレンジの飾り切り
- ぶどうの飾り切り

バナナのカスタードクリーム添え

作り方 143P

ミニサイズの型抜き細工をシロップ煮にし、トマトの黄身煮と
一緒に彩りとして添えました。

食彩細工

- さつまいものいちょう
- パプリカのもみじ

秋の果物　柿のコンポート盛り

作り方 143P

器ごと食べられるデザート。くりぬいた柿の中には生クリームをたっぷり絞り、食べ応えも十分です。

食彩細工

- 柿の釜
- さつまいものいちょう

デザート賽の目盛り

作り方 143P

サイコロ状に切ったフルーツをルービックキューブ風に規則正しく並べています。簡単ながら、個性的なフォルムが目を惹きます。

食彩細工

- 柿のサイコロ
- りんごのサイコロ
- いちごのサイコロ

飾り切りを器として活用する

作り方 143P

食彩細工

- 冬瓜の器
- にんじんと大根のあじさい
- 南瓜のうちわ
- 花れんこん
- にんじんのとうもろこし
- にんじんの鮎
- さつまいもの朝顔
- 冬瓜の木の葉
- きゅうりのカエル

あんかけ冷やし鉢

冬瓜の器に薄切りにした大根とにんじんのあじさいを張りつけ、
冷たい料理らしく見た目も涼やかに仕上げました。

タコの酢の物

作り方 144P

食彩細工

- ズッキーニの舟形器
- にんじんの金魚

ズッキーニのような横長の野菜の器は、盛りつけられる面積が広く、
華やかに見せられるのが魅力です。

なす田楽

食彩細工

- なすの器
- にんじんのねじ梅

なすの中に赤玉味噌を詰めて素揚げしました。器とローストビーフを一緒に味わい、相性のよさを楽しんでいただける料理です。

作り方 144P

トマトと葡萄《ぶどう》の黄身揚げ

食彩細工

- じゃがいものかご

器ごと食べられる揚げ物料理です。厚切りにしたパプリカを台座にし、安定感を高めています。

作り方 145P

南瓜のあんかけ

食彩細工

- 南瓜の菓子入れ
- さつまいもの朝顔
- ズッキーニの木の葉
- 冬瓜の朝顔の葉

細やかな食彩細工を施した南瓜に、いろんな形に型抜きした八方煮を詰め合わせました。南瓜も八方煮にしてあり、器ごといただけます。

作り方 145P

鎖大根の海老しんじょ

作り方 145P

食彩細工

● 大根の鎖

大根を丸ごと鎖形にくり抜きました。輪の空洞部分にはしんじょを詰め、八方だしで一緒に煮て豪快に仕上げています。

にぎりずしの清白《すずしろ》盛り

食彩細工

● 大根の器

すしゲタがわりに大根を器に使ったアイデアが光る一皿。大根が白く、すしタネが映えやすいのが魅力です。

作り方 145P

フルーツポンチ

食彩細工

● ハネデュメロンのバスケット

プルメリアの花を彫った上級者向けの華やかな食彩細工。赤い実を中心に、果物や菓子を詰めれば彩り豊かでお祝い事にも重宝します。

作り方 146P

正月の祝い膳

作り方 146P

竹の子で彫った長寿亀を主役に、お節料理と正月飾りを彩りよく盛り合わせました。にんじんの細工と亀は八方煮に、大根の扇は酢どりに仕立ててあります。

食彩細工

- 結びにんじん
- にんじんの羽子板
- にんじんと大根の扇
- たけのこの亀

節分の酢の物

作り方 147P

大根で彫った鬼面と豆まき用の升に、節分らしい料理を盛り合わせました。
紅芯大根の器には恵方巻きのかわりにのどぐろの砧巻きを盛りつけています。

食彩細工

- 紅芯大根の鬼面
- 大根の升

ひな祭のちらしずし

作り方 148P

ひし形のちらしずしに愛らしい人形の食彩細工を添えたミニひな飾り。
左右には桜と橘の細工を添え、ひな人形らしさをいっそう高めています。

食彩細工

- 大根のお内裏様
- にんじんのお雛様
- にんじんの桜
- 柿とミントの橘

五月の造り盛り合わせ

作り方 148P

端午の節句にぴったりな細工です。こいのぼりは2色のにんじんで作り、吹流しをイメージして飾った網大根の間を泳がせてみました。

食彩細工

- ズッキーニのかぶと
- にんじんのこいのぼり
- きゅうりのカエル
- きゅうりの朝顔の葉
- 網大根

クリスマスの焼き物

作り方 149P

中をくり抜いた冬瓜に、丸くくり抜いたパプリカを埋め込んであります。小型のLEDライトを入れて灯せば、パプリカの飾りが透けてツリーが美しく輝きます。

食彩細工

- 冬瓜のクリスマスツリー
- パプリカの器
- パプリカの星

誕生日のフルーツ盛り合わせ

作り方 149P

食彩細工

- スイカの誕生器
- にんじんの花

文字とバラを組み合わせたゴージャスな細工です。スイカのように表皮と果肉の色がはっきり違う果物のほうが、色のグラデーションがついて彩り豊かに仕上がります。

お造り祝い盛り

作り方 150P

おめでたい鯛の姿造りに、寿文字を彫ったスイカを添えてお祝いムードを高めます。イベントの内容に合わせて文字を変えれば、さらに特別な飾りになります。

食彩細工

- スイカの祝い飾り
- にんじんの亀
- よりきゅうり

スイカのカーニバル

作り方 150P

繊細なレースを細かく彫ったスイカに、カラフルなフルーツを盛って賑やかに。オレンジのジュレがきらきらと輝き、いっそう華やかです。

食彩細工

- スイカの器

祝いのすし

食彩細工

- 鯛と鮪のバラ造り
- にんじんのもみじ
- 南瓜の木の葉

ご飯の上にバラ形のお造りや色とりどりの野菜をたっぷり盛り合わせた、花畑のようなすし。還暦祝いなどにおすすめです。

作り方 150P

夏のちらしずし

食彩細工

- にんじんの金魚
- 網大根
- 冬瓜のツタの葉

ハモや車海老、煮穴子など、人気の海の幸を贅沢に合わせました。すし全体を覆う網大根の上に金魚を泳がせ、夏らしく仕立てています。

作り方 151P

第二章

食彩細工の技術

1 基本の細工技術

◆食彩細工の道具

食彩細工では、カービング用のナイフのほか、専用の彫刻刀を使用します。この彫刻刀は木工用のものよりも刃が薄く、深く彫れるように角度を調節してあり、繊細な野菜や果物でも彫りやすく、失敗しづらいのが特長です。器を作るときには、中身を取り除くためにくり抜き器を使います。

◆道具の持ち方と基本的な使い方

カービングナイフ

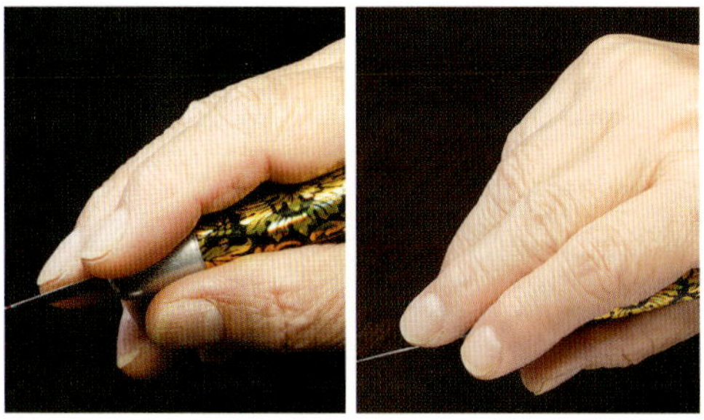

中指を刃の平たい部分に置き、親指で挟みます。こちらも人差し指は添えるだけで、中指で動きをコントロールします。

彫刻刀

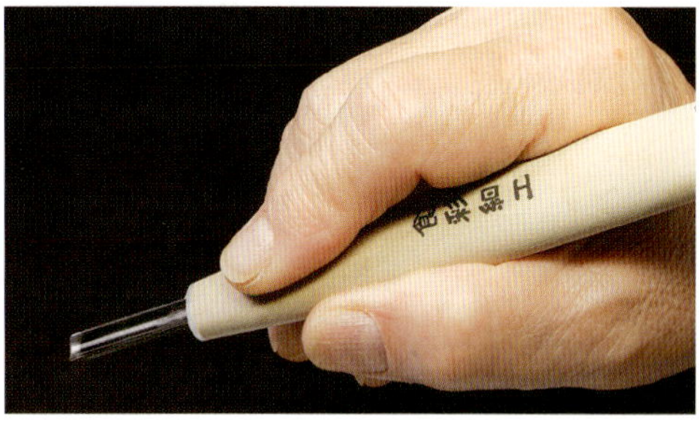

中指と親指で挟み、人差し指を柄の上にのせます。人差し指は添えるだけで、中指でコントロールします。

◆正しい作業姿勢

作業姿勢

どの道具を使うときも同じです。全体を見渡せるように背すじを伸ばし、必ず胸の前で手を動かして作業します。ナイフを使う位置を変えてしまうと、彫る角度にバラつきが出てしまいます。自分の身体やナイフの位置は一定に保ち、材料を動かしながら作業を進めるのが、美しく仕上げるポイントです。

◆道具の使い方

ペティナイフ

細工の途中で余分な部分を取り除くときにも使います。

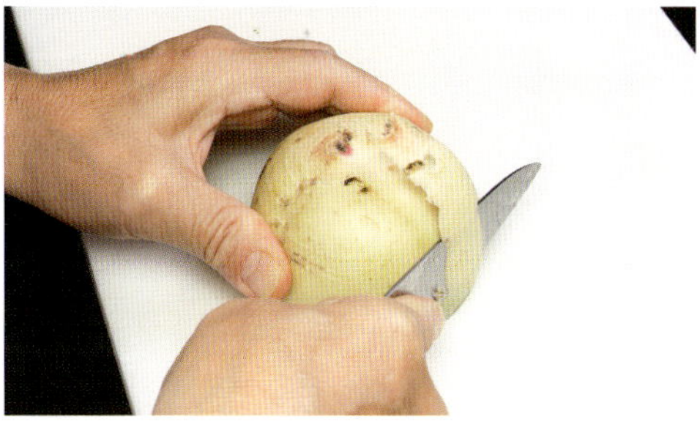

細工をはじめる前に、おおまかに形を整えるときに使用します。一度切ってしまうとやり直しはききませんから、大胆に切り落としてしまわず、面取りやそぎ切りの要領で少しずつ削っていきましょう。

丸刃 (4.5m/m)

幅が狭い丸刀は小さな花びらを作るときに重宝します。花を作るさいには、6mmタイプと組み合わせて使い、花びらのサイズを変えることでよりリアルな細工が可能です。

丸刃 (6m/m)

切り口が丸く、花びらを作るときに適した彫刻刀です。食彩細工用の彫刻刀は木工用よりも刃の角度が急なので、刃が進むのに任せて真っすぐ彫るだけでちょうどよい厚みに彫れます。

三角刃

刃先がV字形になっており、深い筋目を入れることができます。ナイフで切り込みを入れるより、立体的で太いラインが描けます。

くり抜き器

器用の細工を作るときや、種を取り除くときに使います。ある程度くり抜いたら、仕上げになぞるように表面を削り取ると、なめらかな表面に整えることができます。

カービングナイフ

刃が細く先端がとがっているので、カッターナイフのように細いラインを切り取ることもできます。

細かな模様を入れるときに使います。刃を立てて持つと深く、刃を寝かせると薄く広く彫ることできます。ナイフを持つ手はあまり動かさず、材料を動かしながら作業を進めることで均一な深さに彫れます。

2　食彩細工の基本をマスターする

まんじゅう菊

材料：紅芯大根

紅芯大根で作るころんと丸い菊です。難しそうに見えますが、同じ工程のくり返しなので失敗しづらく、初心者の練習にうってつけの細工です。彫刻刀とカービングナイフの使い方を身につけられます。

まんじゅう菊

1　大根の上部1/3を切り落とす。

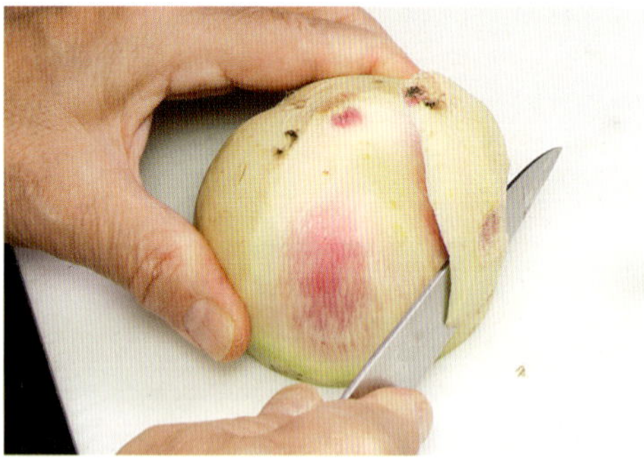

2　切り口を下にし、ペティナイフで皮を縦方向にむく。桂むきをすると直径が小さくなってしまうので厳禁。

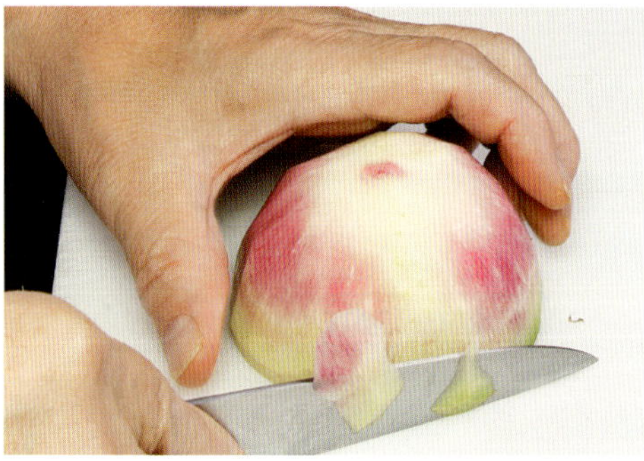

3　表面がなめらかで、美しい半円形になるよう、上から下にそぐ。紅芯大根の場合は、うっすらとピンク色がのぞくまでむくと、花びらに美しいグラデーションがつけられる。

4　切り口を上にし、ふちから5mmほど下までナイフを入れる。面取りの要領で、中心は浅く、ふちは深くなるように、ナイフを斜めに傾けて入れる。

5　ナイフの角度を保ったまま1周むく。

6　中心が高く、外側にいくほど緩やかに下がっていたらOK。ふちを低くしておくことで、このあとの作業がやりやすくなる。

7　6mmの丸刀に持ち替え、ふちから中心にむかって真っすぐ刃を入れる。刃先がうっすら透けて見える薄さになるよう、できるだけふちのきわから刃を入れる。

8　2cm程度押し進める。食彩細工用の彫刻刀は木工用よりも刃の角度が急なので、刃が進むのに任せて真っすぐ彫るだけでちょうどよい角度がつく。

9　1枚目の花びらの隣に同様に刃を入れる。この時も真っすぐ刃を進めることを意識する。

10　同様に花びらを1周彫る。彫刻刀を持つ手の位置は変えず、大根を回しながら作業を進めると、花びらの厚みと角度が均一になりやすい。

11　横から見た様子。中心に向かうほど切れ込みが深く、分厚くなっているのが分かる。

12　彫り終わる3枚手前あたりから、残りの幅を意識して彫っていくと、彫りはじめとうまくかみ合う。

まんじゅう菊

13 カービングナイフに持ち替え、ふちから5mmほど下に刃を入れる。このとき、花びらの切れ込みの下から刃先が覗くよう、斜め上方向にナイフを傾けて入れる。

14 ナイフの角度を維持したまま、大根を回して切れ込みを1周入れる。

15 ある程度切れ込みを入れていくと、切った部分が徐々にはずれてくる。

16 1周入れ終わったら、不要な部分を完全に取り除く。

17 横から見ると、中央が高く、ふちに向かって緩やかに傾斜がついているのが分かる。この傾斜がついていないと2段目の花びらが入れづらいので、ナイフはしっかり斜めに入れること。

18 6mmの丸刀で、7と同様にふちから刃を真っすぐ入れる。2段目の花びらは、1段目の花びらとは互い違いになるように入れる。

19 大根を向こう側にやや寝かせて持ちながら、2段目の花びらを1周入れる。1段目と同じように大根を立てたまま作業を進めると美しい半円形の花に仕上がらないので注意。

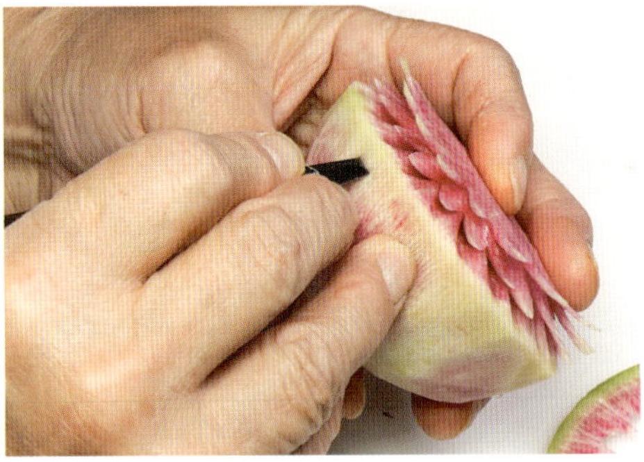

20 13と同様に、カービングナイフでふちの5mmから1周切れ込みを入れる。この時も大根は寝かせ気味にして持つとやりやすい。

21 カービングナイフで不要な部分を切り離す。

22 横から見ると、1段目の時よりも傾斜がきつくなっているのが分かる。

23 同様に3段目の花びらを作る。大根を持つ手を先ほどよりさらに寝かせ、角度をつける。

24 カービングナイフで3段目の余分も取り除き、4段目も同様に作る。1段増やすごとに大根を寝かせる角度を急にしていくことで、美しい半円形になる。

まんじゅう菊

25 5段目まで花びらを作り終えたら、1段目の花びらが下になるように大根を逆さにする。

26 上部をカービングナイフでそぎ落として平らにする。

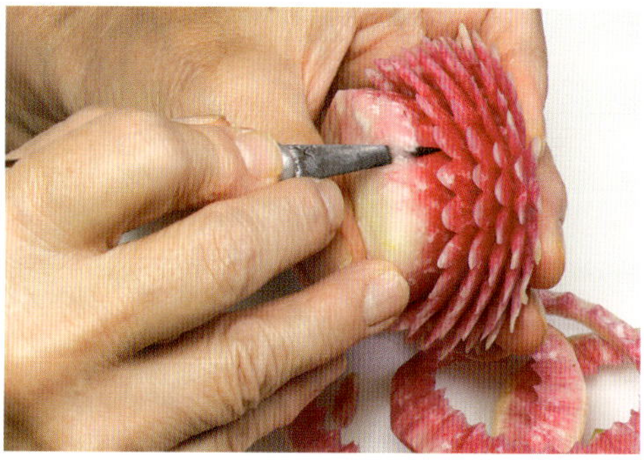

27 上面と側面が直角になるように端をそぎ落とし、きれいな円柱状に整える。

28 上面が自分のほうに向くように持ち、6mmの丸刀で6段目の花びらを入れる。このとき、円柱がやや伏せ気味になるように手前に少し傾けて持つのがポイント。この状態で刃を進めると、花びらが内向きになり、よりリアルな菊に近づく。

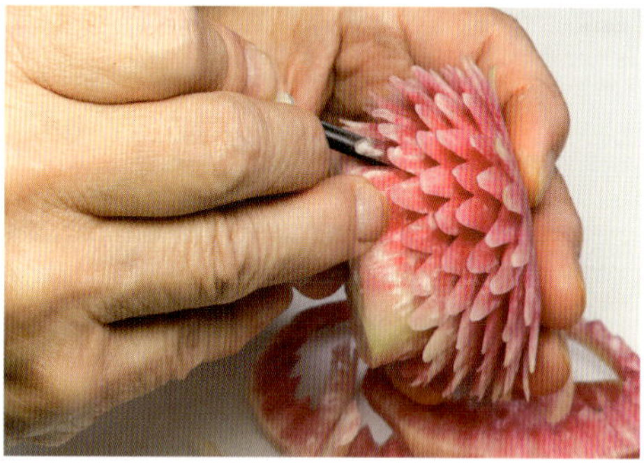

29 角度を維持したまま、大根を回して花びらを1周彫る。

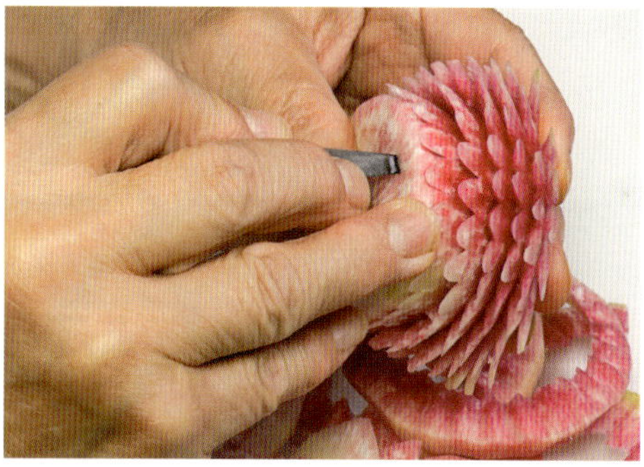

30 上面の5mm内側から、花びらの切れ込みに向かってカービングナイフを斜めに入れる。

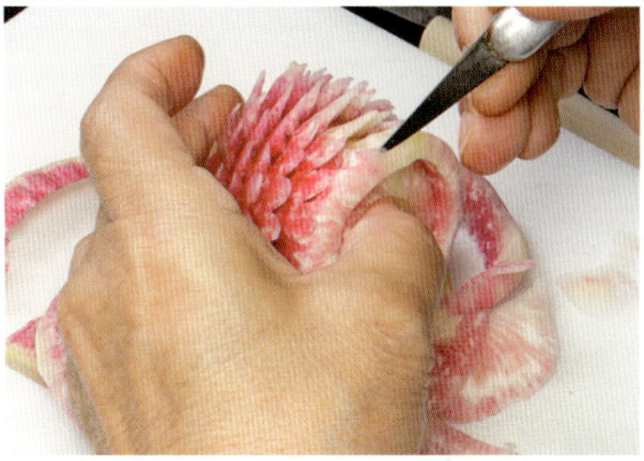

31 ナイフの角度を維持したまま1周切れ込みを入れて不要な部分を切り離す。

32 大根をさらに手前に倒して持ち、4.5mmの丸刀で同様に花びらを作る。6mmの丸刀に比べると刃が短いので、しっかり奥まで刃を押し込むように。

33 30と同様にカービングナイフで切れ込みを1周入れて余分を切り離す。

34 同様の方法であと3段ほど花びらを作る。1段増やすごとに、大根を傾ける角度を急にしていく。

35 中心の直径が5〜7mm程度になったら3mmの丸刀に持ち替え、中心に刃を1周刺して細かな花びらを作って完成。

36 完成度をより高めたい場合は、カービングナイフを花の中心に差し込み、中心部分を取り除くとよい。

なすの茶筒

材料：なす

内部をくり抜いて作るふたつきの器です。小鉢や薬味入れとして使えます。三角刀を使い、直線的でシャープな模様に仕上げました。

1　なすのヘタを1/3長さのところで切り分ける。座りがよくなるように下部も切り落とす。

2　5mmの三角刀で下から上に向かって側面に刃を真っすぐ入れる。

3　5mm間隔で縦の筋目を一周入れる。力を入れて彫ると深さが変わってしまうので、できるだけ軽い力で押し進めるのが、均一で美しく仕上げるコツ。

4　くり抜き器で中身を取り除く。中に入れる料理に合わせて深さを調節する。

5　ヘタはカービングナイフで余分なところを取り除き、形を整える。

6　ナイフを横にまっすぐ一周入れてヘタの皮を取り除くと、きれいな帽子形になる。

7　5mmの三角刀でヘタにも縦に筋目を入れる。

8　ヘタの内側も軽くくり抜いておくと使い勝手がよい。完成したら水を張ったボウルに浸け、アク抜きと色止めをしておく。

竹きゅうり

材料：きゅうり

日本料理では必須の飾り切りです。包丁では手間も技術も必要ですが、食彩細工用の彫刻刀を使えば簡単に作ることができます。上部をくり抜くと薬味入れとしても活躍します。

1　きゅうりのヘタから1/3長さのところに、5mmの三角刀で横に筋目を1周入れる。2～3mm間隔を空け、もう1本筋目を彫る。

2　1の筋目から5～6cmほど下に、同様に2本の筋目を彫る。

3　6mmの丸刀に持ち替え、筋目の1～1.5cm下から筋目に向かって薄く削り、細い縦線を彫る。縦線同士がやや重なるように1周彫る。

4　同様に筋目の反対側からも縦線を1周入れる。

5　中央に入れた筋目にも両側から縦線を1周入れる。

6　包丁できゅうりの下部を斜めにそぎ切りにし、上部はまっすぐ切り落とす。

7　そぎ切りにした側をくり抜き器で軽くくり抜く。

輪菊

材料：大根

輪切りの大根で作るバージョンです。先ほどの菊よりも花びらが長く、咲きはじめを表現しています。ふたつ作って片方を食用色素で紅く染めれば、敬老の日のお祝いにぴったりな紅白菊ができます。

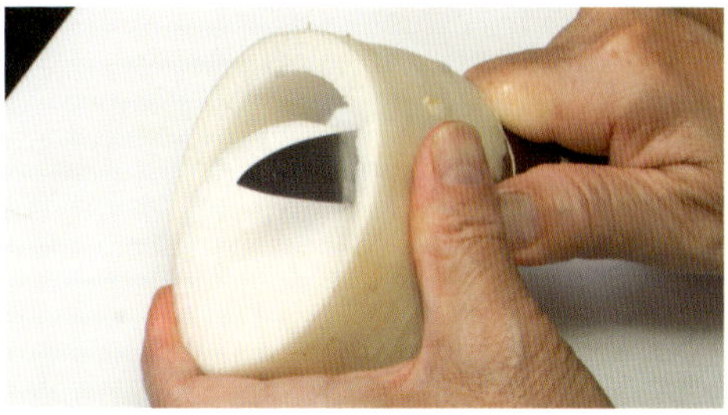

1　大根を7〜8cm厚さの輪切りにし、桂むきにする。

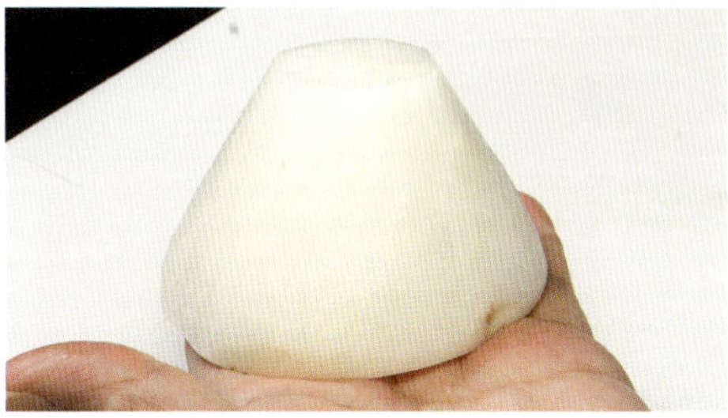

2　上部を厚く、下部を薄くむいて円錐台の形に整える。下部の直径が上部の2倍ほどの大きさになるよう、しっかり角度をつける。

3　下から上に向かって6mmの丸刀を側面に入れる。刃先がうっすら透けて見える薄さになるよう、できるだけふちのきわから刃を入れる。

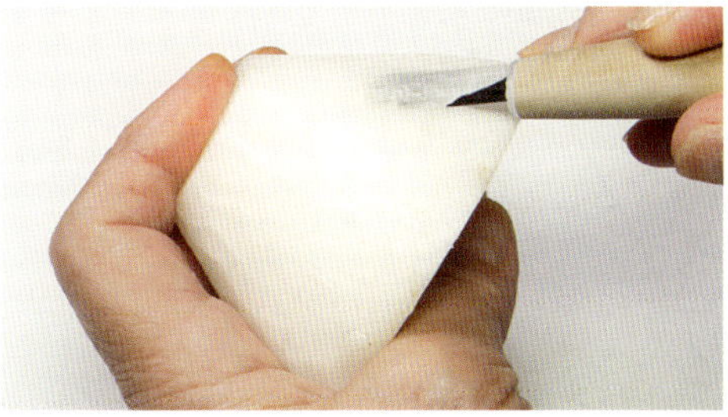

4　2/3の高さまで真っすぐ刃を進めて花びらを作る。

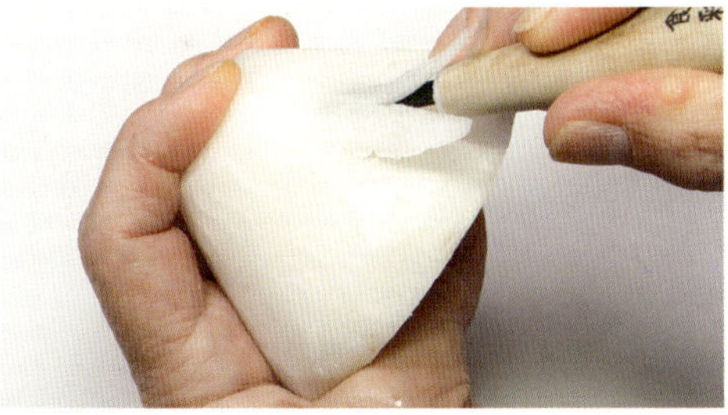

5　1枚目の花びらの隣に同様に刃を入れる。この時も刃を真っすぐ進めることを意識する。

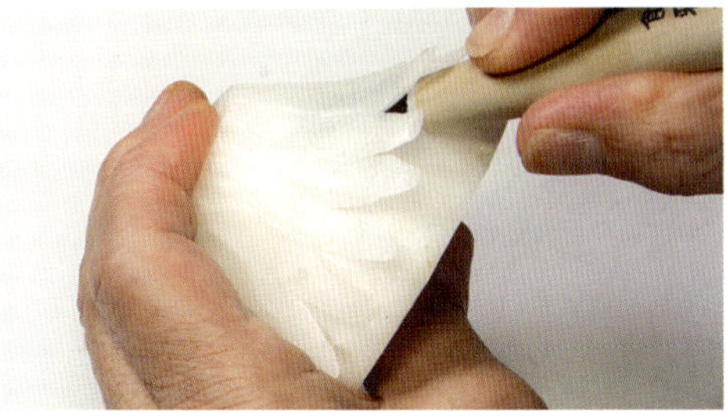

6　同様に花びらを1周彫る。彫刻刀を持つ位置は変えず、大根を回しながら作業を進めるのがコツ。花びら同士が多少重なってもよい。

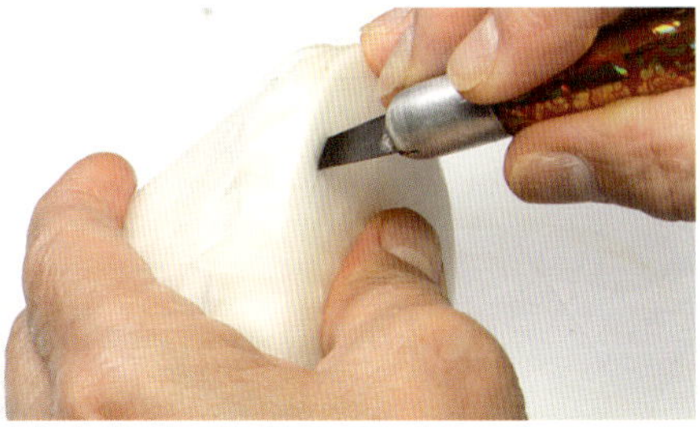

7　カービングナイフに持ち替え、下部のふちから5mm内側に刃を入れる。花びらの切れ込みの下から刃先が覗くよう、斜め上方向にナイフを傾けて入れる。

8　ナイフの角度を維持したまま、大根を回して切れ込みを1周入れ、不要な部分を切り離す。

輪菊

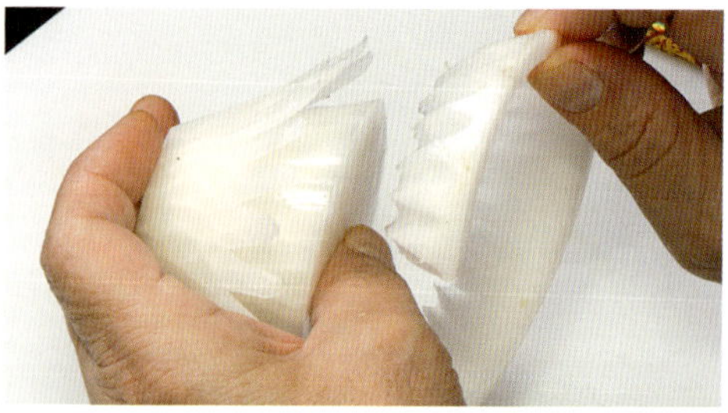

9　中心をしっかり指で押さえながら切った部分を引っ張るときれいにはずれる。

10　3と同様に6mmの丸刀をふちから真っすぐ入れる。2段目の花びらは、1段目の花びらとは互い違いに入れる。このとき、下部が伏せ気味になるように手前に傾けて持つのがポイント。

11　7と同様にカービングナイフで不要な部分を切り離す。

12　同様の方法で3段目、4段目の花びらを作る。1段増やすごとに、大根を手前に傾け、角度を急にしていく。

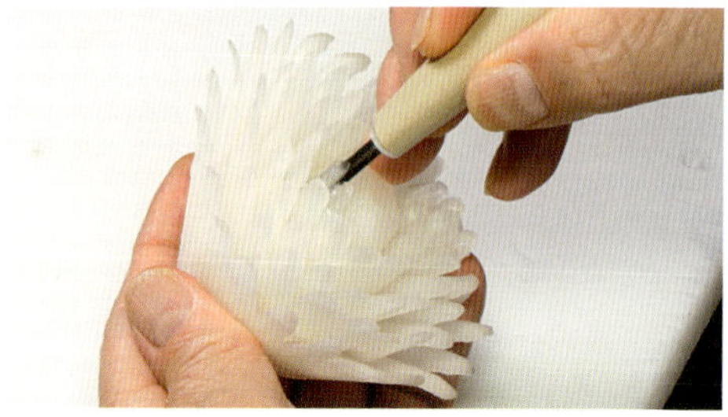

13　4.5mmの丸刀に持ち替え、中心に刃を1周刺して細かな花びらを作る。

14　カービングナイフで花びらの内側に1周切れ込みを入れて余分を取り除く。

15　3mmの丸刀に持ち替え、中心に刃を1周刺してさらに細かな花びらを作る。中心が小さすぎて彫れない場合は無理に入れなくてよい。

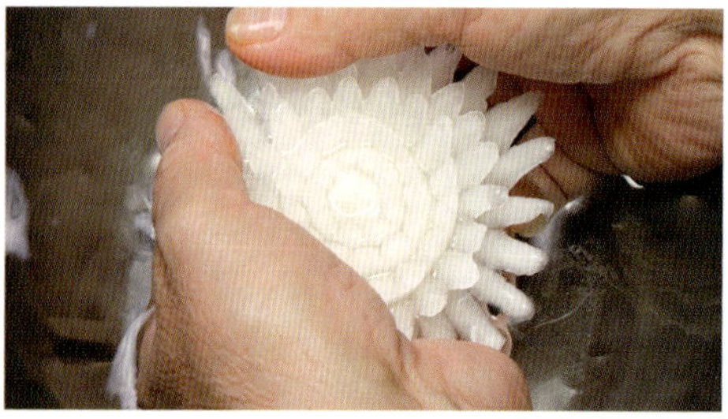

16　水を張ったボウルに入れ、花びらを外側にやさしく押して開かせる。このとき、水に食用色素を溶かし、その水にしばらく浸けておけば、きれいに色がつく。

パプリカのチューリップ

材料：パプリカ

柔らかく中身が空洞のパプリカは食彩細工に最適な材料のひとつです。料理を入れるのはもちろん、中にLEDライトを灯せば、ロマンチックな食卓を演出することもできます。

パプリカのチューリップ

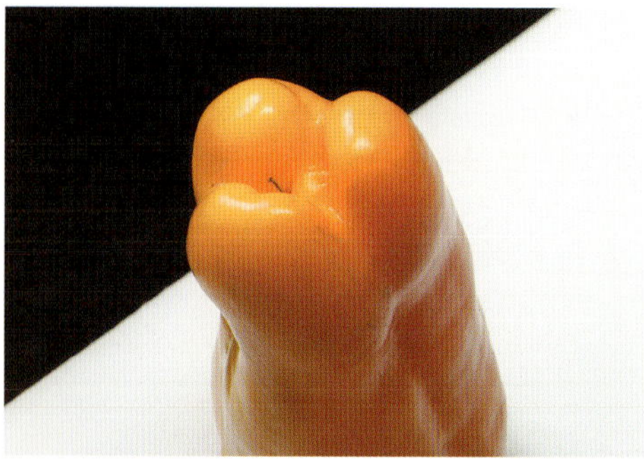

1　パプリカは下部が3つにくぼんでいるものを選ぶ。

2　下部を1/3のところで切り落とす。

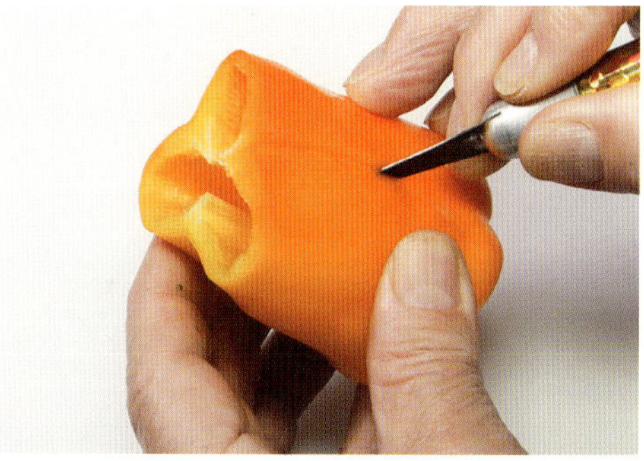

3　カービングナイフで、くぼんだ部分に、切り口から2/3まで真っすぐ切れ込みを入れる。

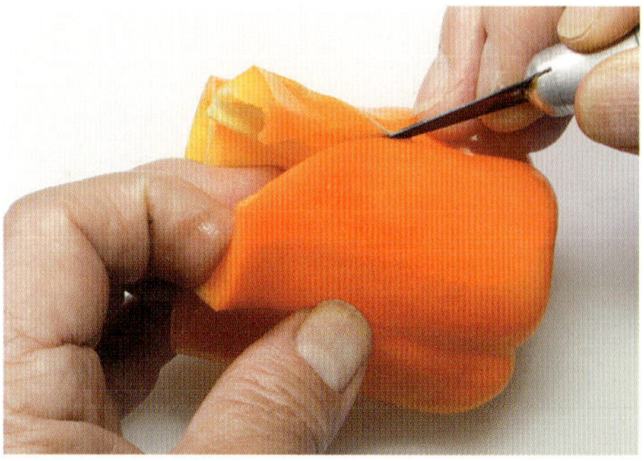

4　切れ込みの2cm横から、切れ込みに向かってナイフを斜めに入れて余分を切り落とす。反対側からも同様に斜めにナイフを入れて余分を切り落とし、切り口を山形にする。

5　すべてのくぼみに同様に切れ込みを入れて余分を切り落とし、切り口を花びらの形に整える。

6　くり抜き器でワタをきれいに取り除く。このとき、肉厚になっている部分があれば、内側からナイフで削って厚みを均一に整えるとより美しく仕上がる。

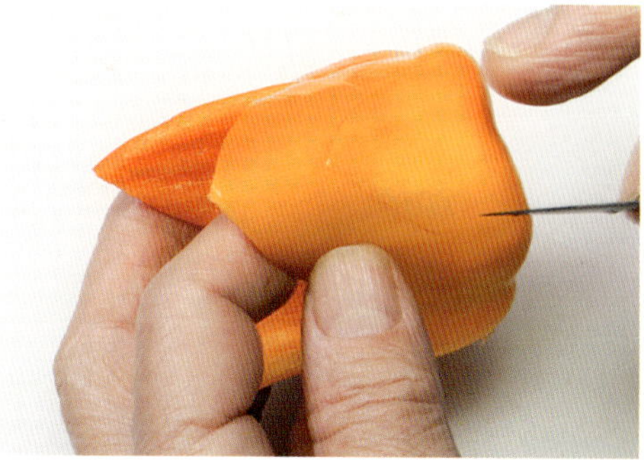

7　切り口から2cmほど下に、花びらと同じ形の山形をナイフで入れる。

8　山形の頂点の5mmほど下から、下部に向かってナイフを入れ、細い三角形を切り取る。

9　反対側も同様に細い三角形を切り取り、逆V字形の窓を作る。すべての花びらに同様の窓を作る。

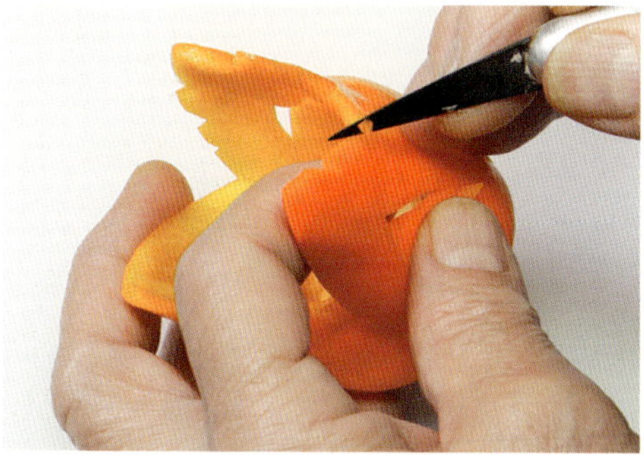

10　花びらのふちがギザギザになるように、小さな三角形を数カ所切り取って完成。

ズッキーニの器

材料：ズッキーニ

ズッキーニの長さを生かした楕円形の器は、料理を盛りやすいのが魅力です。素揚げするなど、器も料理の一部として使うと喜ばれます。

1 カービングナイフで、半分の深さの楕円形を切り取る。皮に傷などがある場合は、そこを取り除くように切り取るとよい。

2 種をくり抜き器で取り除く。

3 ふちに小さな三角形の切れ込みを入れる。楕円形の中央から入れはじめ、7mm間隔でふち全体に入れる。

4 等間隔で同じ形に切るのが美しく見えるポイント。ナイフを動かすのではなく、野菜を動かしながら切るとうまくいきやすい。

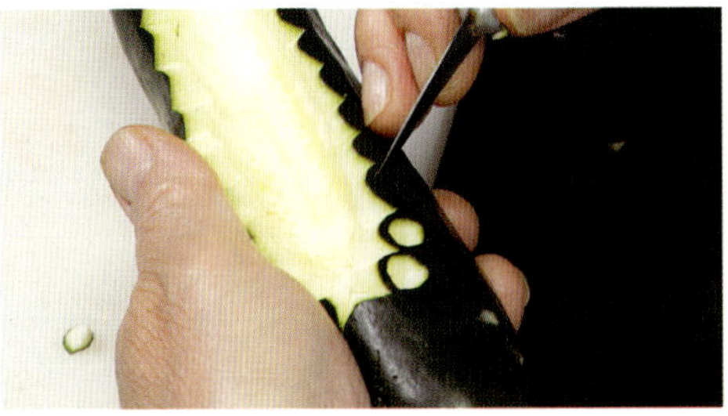

5 3mmほど皮を残し、山形のすぐ下を丸形に切り取る。

6 2つの丸形の間をしずく形に切り取る。

7 しずく形のまわりを3mmほど残し、三日月形に切り取る。

8 さらにその下をふち取るように3mm残して細い三日月形に切り取る。全体に同じ模様を入れたら完成。

鉄手まり風の器

材料：りんご

りんごの底に料理をのせて、ドーム形のふたで料理を隠す遊び心あふれる器です。
丸い形ならどんな野菜、果物でも作れます。

1　りんごは下から1/5のところで切り離す。下部が皿がわりになる。

2　1cm厚さになるようにくり抜き器で中身をくり抜く。りんごは変色しやすいので、慣れないうちは塩水などに浸けながら行うとよい。

3　ふちをカービングナイフで削り落とし、なめらかに整える。ライトにかざしてみるとうっすら透けるぐらいが彫りやすい厚み。

4　りんごの上部に1辺が1.5cm程度のひし形の窓を作る。先に縦に2cm程度の切れ込みを入れ、その直線を対角線にして、左右に三角形の切れ込みを入れると左右対称の美しいひし形にくり抜ける。

5　対角線状に4か所ひし形の窓を作る。ナイフを入れるときは、りんごに対して直角になるようにナイフを入れるときれいにくり抜ける。ナイフの角度が悪いと下まで貫通しないので注意。

6　4つの窓の間にさらにひし形の窓を作り、合計8か所くり抜く。対角線状にくり抜いていくことで、ひし形同士の間隔が均等になりやすい。

鉄手まり風の器

7　5mmほど間隔を空け、1段下にも同様にひし形の窓を作る。

8　全体のバランスを見ながら、全体にひし形の窓をくり抜く。

9　くり抜いた窓の間に、細かなしずく模様を入れたら完成。この模様は貫通させず、赤い皮を取り除く程度に浅く彫ればよい。

プルメリアの花かご

材料：メロン

カービングナイフを使って花を立体的に彫り出していきます。花びらを薄く削ったり、全体のバランスを整えるのはなかなか難しいものですが、この技術が習得できれば、アイデア次第でどんなものでも彫れるようになります。慣れてきたら、ぜひチャレンジしてみてください。

プルメリアの花かご

1　カービングナイフでメロンの裏側あたりに直径1cm、深さ1cm程度の円形をくり抜く。

2　中心が一番深く、すり鉢状になるようにくり抜く。ここでは赤肉メロンを使用しているので、うっすらオレンジが見える程度が深さの目安。

3　円を5等分するように星形に浅く印を入れる。この印が花びらを彫る位置の目安になる。

4　印と印の間に緩やかな弧状の曲線を1本入れる。最初に入れる曲線は、ナイフを直角に立てて深く彫ると、このあとの作業が進めやすい。

5　隣の印の間から、同様に弧状の曲線を入れる。弧の終わりが4の線に交わるように入れ、三日月形に余分を切り取る。この作業からはナイフを寝かせ気味にすると彫りやすい。

6　外側の弧の1mm内側をナイフでなぞる。

7　隣の印の間から、同様に弧状の曲線を1本入れる。

8　5の線に交わるように弧を描き、三日月形に余分を切り取る。

9　同様に、8で入れた弧の1mm内側をナイフでなぞり、隣の印の間から曲線を入れて三日月形を切り取る。これを1周繰り返して花びらを作る。

10 最後の曲線はナイフをしっかり寝かせてなぞるときれいに取り除ける。

11 花の1mm外側から輪郭をなぞる。

12 花の7〜8mm外側にナイフを入れて周りを丸く囲み、余分を取り除く。

13 ひとつ目の花から3〜4cm離したところに、ふたつ目の花を同様に作る。

14 花の輪郭をナイフでなぞってから周りを丸く囲み、余分を取り除く。

15 全体のバランスを見ながら、花を3〜5個彫る。

16 つぼみを作る。花を彫ったふちからV字形の曲線を入れる。ナイフは直角に立てて深く彫る。

プルメリアの花かご

17 V字の7～8mm横からナイフを入れる。このときはナイフを寝かせて彫る。

18 V字の先端に向かってナイフを進め、余分を切り取る。

19 逆側も同様にV字の周りを切り取る。

20 ナイフを寝かせて切り口をそぎ落とし、切り口がつぼみらしく丸みを帯びるように面取りする。

21 つぼみの根元の輪郭を、表皮の1～2mm外側からナイフでなぞる。

22 表皮の部分に軽くカーブをつけて横線をナイフで入れる。

23 端まで切り進め、余分を切り取る。

24 同様に表皮の外側をなぞっては横線を入れて余分を切り取り、つぼみに花びらの筋目をつける。

25 つぼみ部分の表皮がなくなるまで筋目を入れたら完成。バランスを見ながらつぼみを2〜3個作る。

26 葉を作る。花を彫ったふちから縦線を1本引き、その線の1cmほど横から、縦線に向かってナイフを小刻みに揺らしながらジグザグ線を彫る。

27 ジグザグ線が縦線にぶつかったら余分を取り除く。

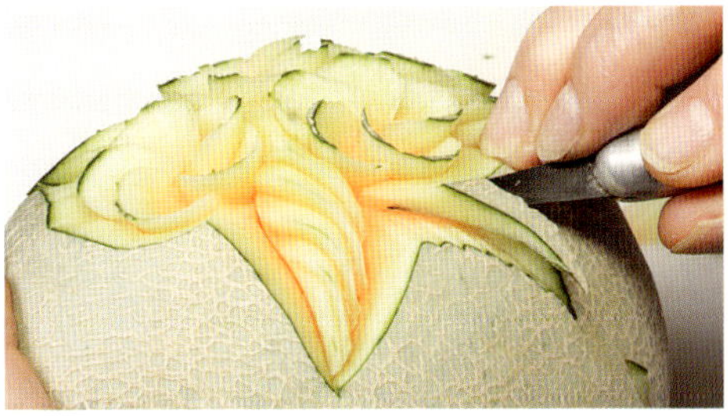

28 逆側も同様にジグザグに彫って余分を取り除く。

29 ジグザグ線の1mm内側にナイフを寝かせて入れ、輪郭をなぞる。

30 ジグザグ線の7〜8mm外側にナイフを寝かせて入れ、輪郭をなぞって葉の周りを取り除く。

31 全体のバランスを見ながら葉を2〜3枚彫る。

32 花、つぼみ、葉を彫り終えたら、周囲を少しずつ削り取って形を整える。

プルメリアの花かご

33 周囲を深めに削ることで細工の立体感が高まる。果肉の赤色が出るまで削ればグラデーションがついて美しい。

34 周囲を削り終えたら、ワタを取り除く。ナイフで細工のふちから深く大きな半円を彫る。

35 半円に囲まれた細工部分の輪郭をナイフで深くなぞって、余分を切り取る。

36 くり抜き器でワタをていねいに取り除く。

37 果肉もくり抜いてフルーツポンチなどの器にしてもよい。果肉を残し、アイスクリームを詰めて提供しても美味。

38 切り口を飾って仕上げる。くり抜いていないほうの切り口にナイフを寝かせて入れ、小刻みに揺らしながらジグザグに切れ込みを半周入れる。

39 1mm外側を同様にジグザグにナイフを動かしながらなぞる。

40 1cmほど下にナイフを入れ、切れ込みを半周入れる。

41 余分を取り除き、切り口をレース状に仕上げる。

42 くり抜いた側は、切り口にV字にナイフを入れて山形の模様を作る。

43 カービングナイフの裏側や、竹串などのとがったもので、レースのふちに軽く穴を空けてふちどる。

44 くり抜いていないほうも、切り口をV字に彫り、山形の模様を入れる。

祝い文字

材料：スイカ

イベントで大活躍する文字の彫刻です。印刷した紙をなぞっていくだけなので意外と簡単に彫ることができます。文字以外に、似顔絵なども同じ方法で作れますので、オリジナリティ溢れる細工を作りたい方におすすめです。

1　文字を印刷した紙を切り抜き、食材の表面にテープで張りつける。彫っていくと徐々にテープがはがれてくるので、端だけを留めず、紙全体にしっかりテープを張る。

2　文字の輪郭をカービングナイフでなぞる。外側に向かって斜めに切れ込みが入るようにナイフを寝かせて彫る。

3　大きなところから彫ると細かな部分がはがれてなくなってしまうので、先に細かな部分から彫っていく。

4　彫り終えたら紙をすべてはがす。

5　文字の1mm外側をナイフでふちどる。紙をなぞった時とは逆側にナイフを寝かせて彫り、切り口をV字にする。こうすることで文字がくっきり浮き上がる。

6　1cmほど外側からナイフを寝かせて入れ、周囲を削り取る。深く彫りすぎると果肉の赤が出てきてしまうので、ナイフを寝かせて浅く彫ること。

祝い文字

7　細かな部分は特に注意しながら少しずつ削っていく。

8　削る範囲を少しずつ広げ、文字を丸く囲む。

9　文字の周りをバラで飾る。直径2cmほどの半円球を削り出し、中央に筋目を数カ所入れる。

10　半円球の周りに花びらを削り出す。果肉の赤がほんのり出る程度まで彫ると美しく仕上がる。

11　数か所にバランスよくバラを彫り出す。

鎖大根

材料：大根

1本の大根から削り出した、1か所も切れ目のない美しい鎖形の細工です。穴の中にしんじょなどを詰めれば、それだけで迫力ある料理が作れます。工程自体は単純ですが、均一な太さの鎖に仕上げるのは難しく、全体を見渡せる力が必要です。

鎖大根

1 大根の皮を包丁で縦にそぎ落としながら、美しい直方体に整える。4面すべてが同じ幅になるように整えるのがポイント。先の細い部分は切り落としておく。

2 幅が3等分になるよう、縦に切り込みを2本入れる。完全に切り落とさず、1/3の深さまで入れる。ただし、少しでも深く入れすぎるとこのあと失敗するので、まずは1/3より浅めに軽く入れておくとよい。

3 4面すべてに同様の切り込みを入れて端の余分を切り離し、大根を十字形にする。

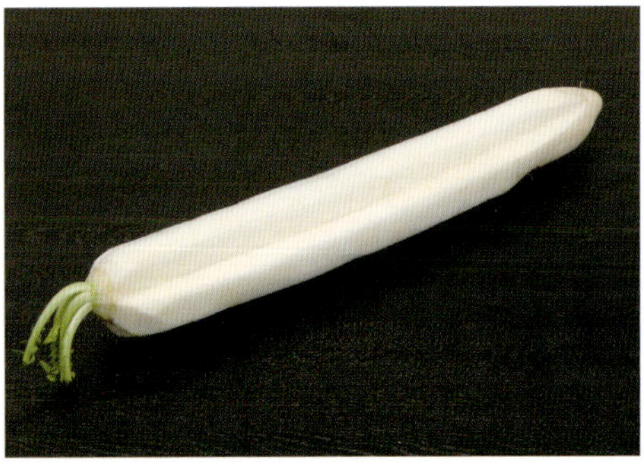

4 十字の太さが均等になるように、切り込みを少しずつ深めて余分を取り除く。最終的にすべての切り込みが1/3の深さになれば、太さが均一になる。

5 根元はカービングナイフで余分を切り取り、美しく整える。茎は残しておく。

6 出っ張った部分に定規をあて、根元から5cmのところと、そこからプラス1cmのところにカービングナイフで印をつける。

7　5cm幅、1cm幅の間隔で端まで印を入れる。大根を裏返し、反対側の出っ張りにも同様の印をつける。左右の出っ張りには、根元から2.5cmのところにはじめの印を入れ、そこから5cm幅、1cm幅の間隔で同様に印を入れる。

8　印を入れたところにカービングナイフを斜めに入れ、1cm幅の部分をV字に切り取る。

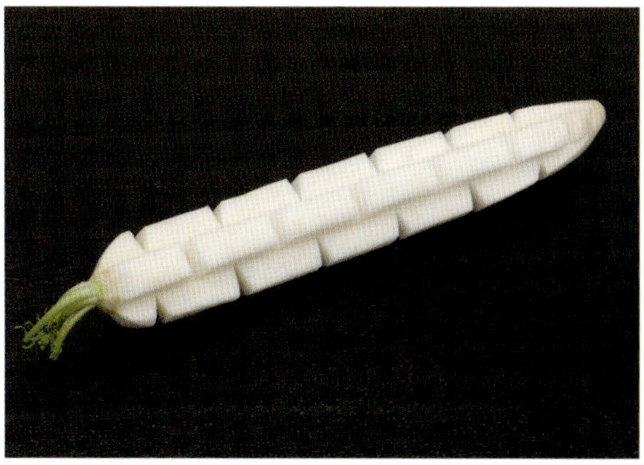

9　1cm幅の部分をすべてV字に切り取ると、このような形になる。

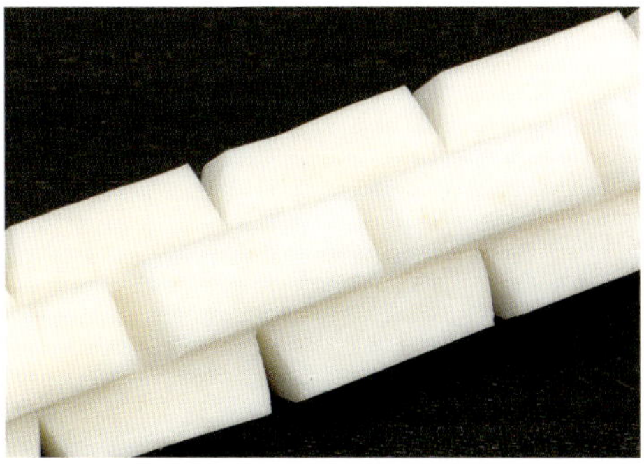

10 切り取るときは一気に奥までナイフを入れず、少しずつ削り取るように作業を進めると均一になりやすい。

11 V字とV字の間を半円状に少しずつ削り取る。

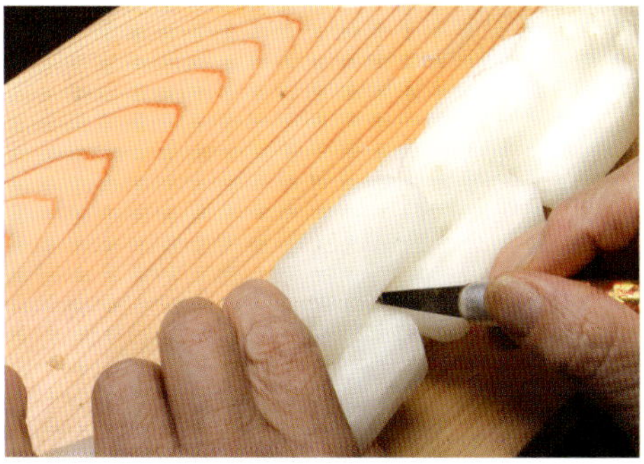

12 鎖の太さが均一になるよう、まんべんなくすべての半円を削り進める。

鎖大根

13 片方ばかり削らず、両側から少しずつ削り進めていくのが美しく仕上げるコツ。

14 全体のバランスを見ながら、半円だけでなくV字側も削り進め、鎖の太さを均一にする。

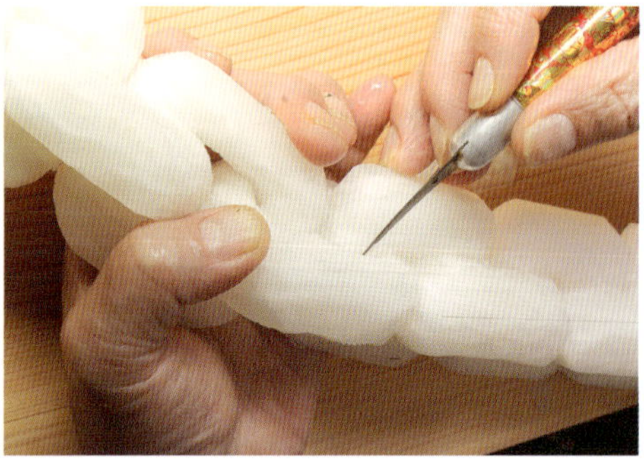

15 穴が貫通し、すべての輪が独立して動かせるようになったら完成。

◆大田忠道氏・森脇公代氏／監修

食彩細工専用彫刻刀（5本組み）

定価　6000円＋税

大田忠道氏と森脇公代氏の監修のもと、誰でも、簡単に野菜や果物を使った食彩細工が楽しめるように考案された専用彫刻刀です。刃の厚みや形状、持ち手の柄を徹底的に研究し、使いやすく、初心者でも上手に食彩細工ができるように工夫されています。食材だけでなく、ソープカービングにも適した彫刻刀です。

大田忠道氏

森脇公代氏

【製造・販売】
株式会社　三木章刃物本舗
本社：〒673-0444　兵庫県三木市別所町東這田721-8
TEL：0794-82-1832（代）　http://www.mikisyo.com

透明石けんで美しい ソープカービングを楽しむ

森脇公代

この作品は、大島椿の「スキンケアソープ（椿油配合石けん）使用しています。

大島椿スキンケアソープ

■発売元　大島椿株式会社
〒105-0012 東京都港区芝大門2-9-16
TEL：03-3438-3031（代表）

■製造販売元　株式会社大島椿本舗
〒192-0918 東京都八王子市兵衛2-35-4
TEL：042-637-8811（代表）

■お客様相談室
TEL：0120-457-178

第三章

食彩細工作品集

手作り細工

彫刻刀とカービングナイフを使い、ひとつずつていねいに彫り出す細工は、立体的かつ精巧に仕上げられるのが魅力。自由度が高く、サイズ次第では料理の主役にもなります。作りたいものをよく観察し、スケッチをしてイメージを固めてから作るのが思いどおりに作るポイントです。

朝顔
（紅芯大根）

ダリア
（人参・南瓜）

あやめ
（大根・きゅうり）

とうもろこし
（人参）

つくし
（新ごぼう）

あじさい
（紅芯大根）

鯉のぼり
（サラダ人参・人参・茎）

朝顔
（さつまいも）

升
（大根）

あじさい
（南瓜・人参・大根）

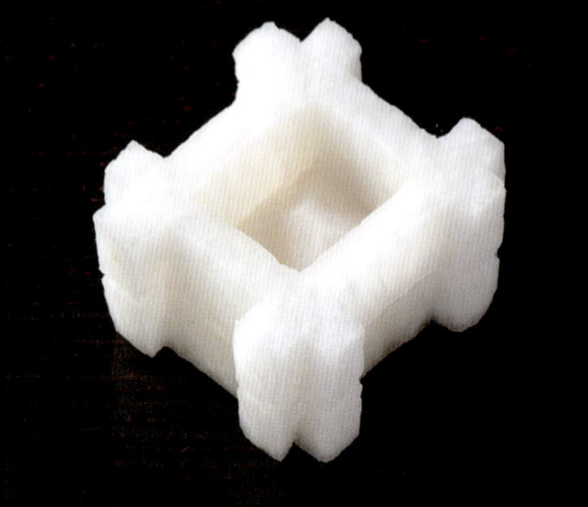

井桁
（大根）

文様と器
（南瓜）

クリスマスツリー
（冬瓜・パプリカ）

太鼓橋
（大根・人参）

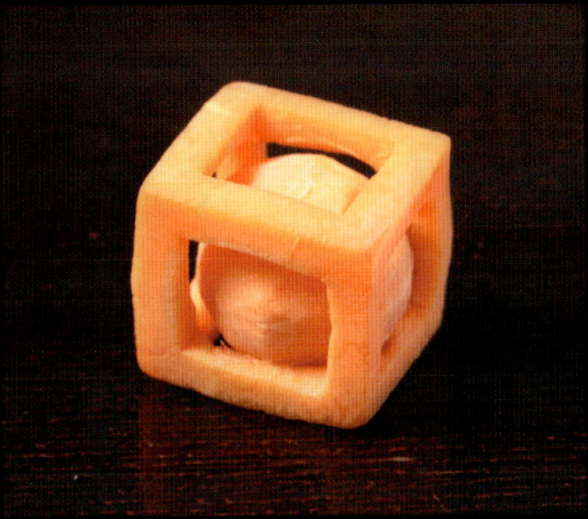

福鈴
（人参）

鬼面
（紅芯大根）

型抜き細工

最近では、季節感のあるさまざまな形の型が市販されています。これらを使えば、料理に彩りを添える小さな細工がすばやく簡単に作れます。部分的に皮をむいたり、ナイフで葉脈を入れたりと、抜いたあとにひと手間加えると、より華やかで存在感のある飾りができあがります。八方煮用は1.5cm、酢の物用は3mmなど、抜くときの厚みは、使い道に合わせて調節します。

うちわ
（南瓜）

木の葉
（南瓜）

紋
（南瓜）

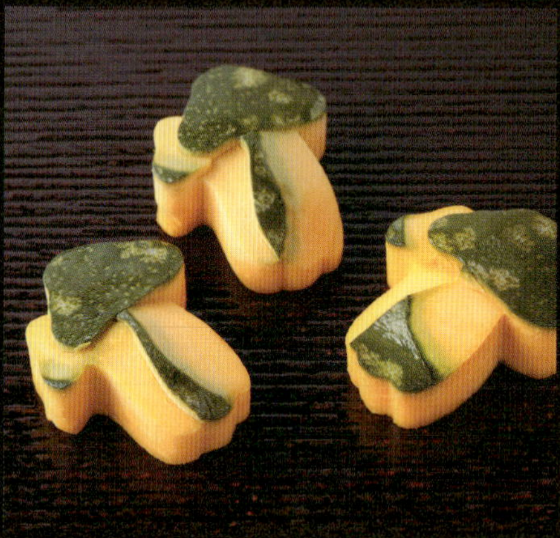

松茸
（南瓜）

もみじ
（南瓜）

流れ星
（南瓜）

もみじ
（人参）

ひまわり
（南瓜）

カエル
（きゅうり）

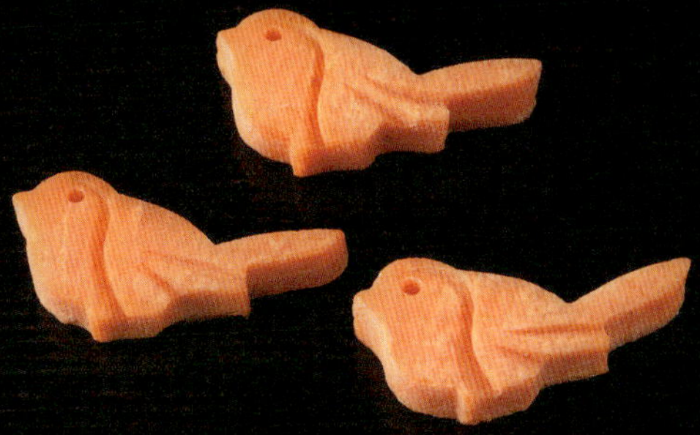

小鳥
（人参）

カブトムシ
（なす・ズッキーニ）

菊
（人参）

蝶々
（里芋）

亀
（人参）

カニ
（人参）

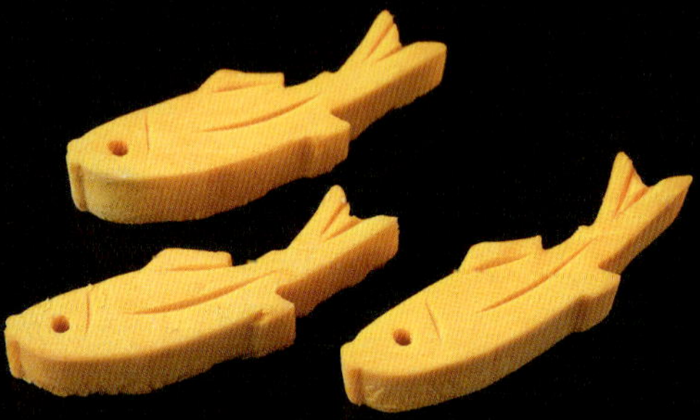

鮎
（南瓜）

たけのこ
（南瓜）

金魚
（人参）

型抜きいろいろ

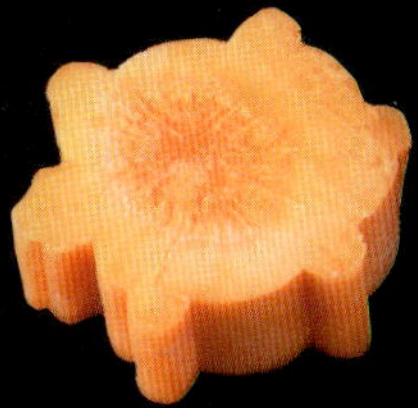
亀

鳥

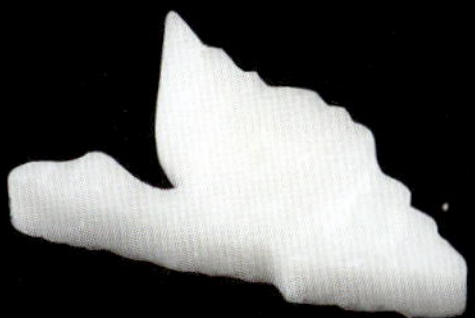
渡り鳥

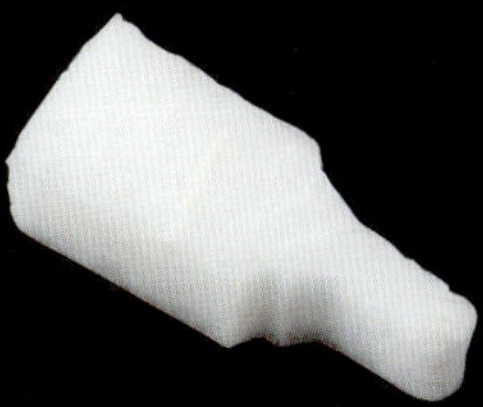
羽子板

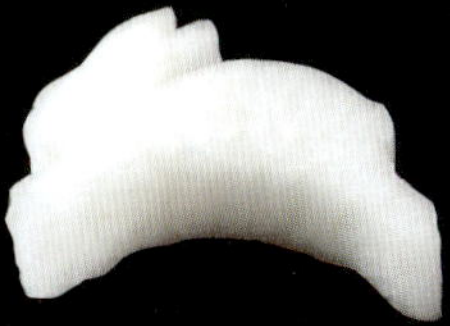
ウサギ

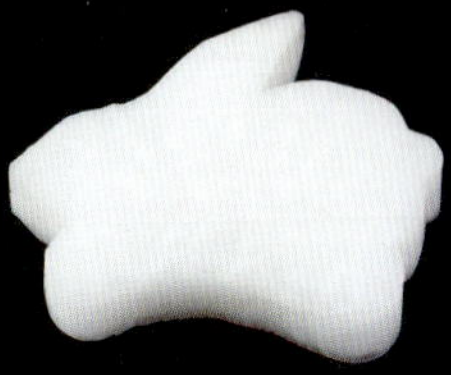
ウサギ

葉

瓢箪

星

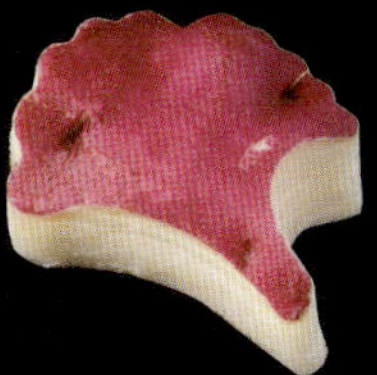
いちょう

松

もみじ

もみじ

第四章

ソープカービング作品集

野菜やフルーツに固さが似ている石けんは、食彩細工の練習にはうってつけの素材です。食材とは違って時間が経っても状態が変わらないので、インテリアとしても活躍します。ただ彫るだけではなく、展示方法にも工夫を凝らしたオーナメントをご紹介します。

ツリー

トピアリー

クリスマス飾り

つくし

水仙

花かご

フラワーボックス

チューリップ

蘭

伝書鳩

ひよこ

ケーキ盛合せ

キャンドル

バラ

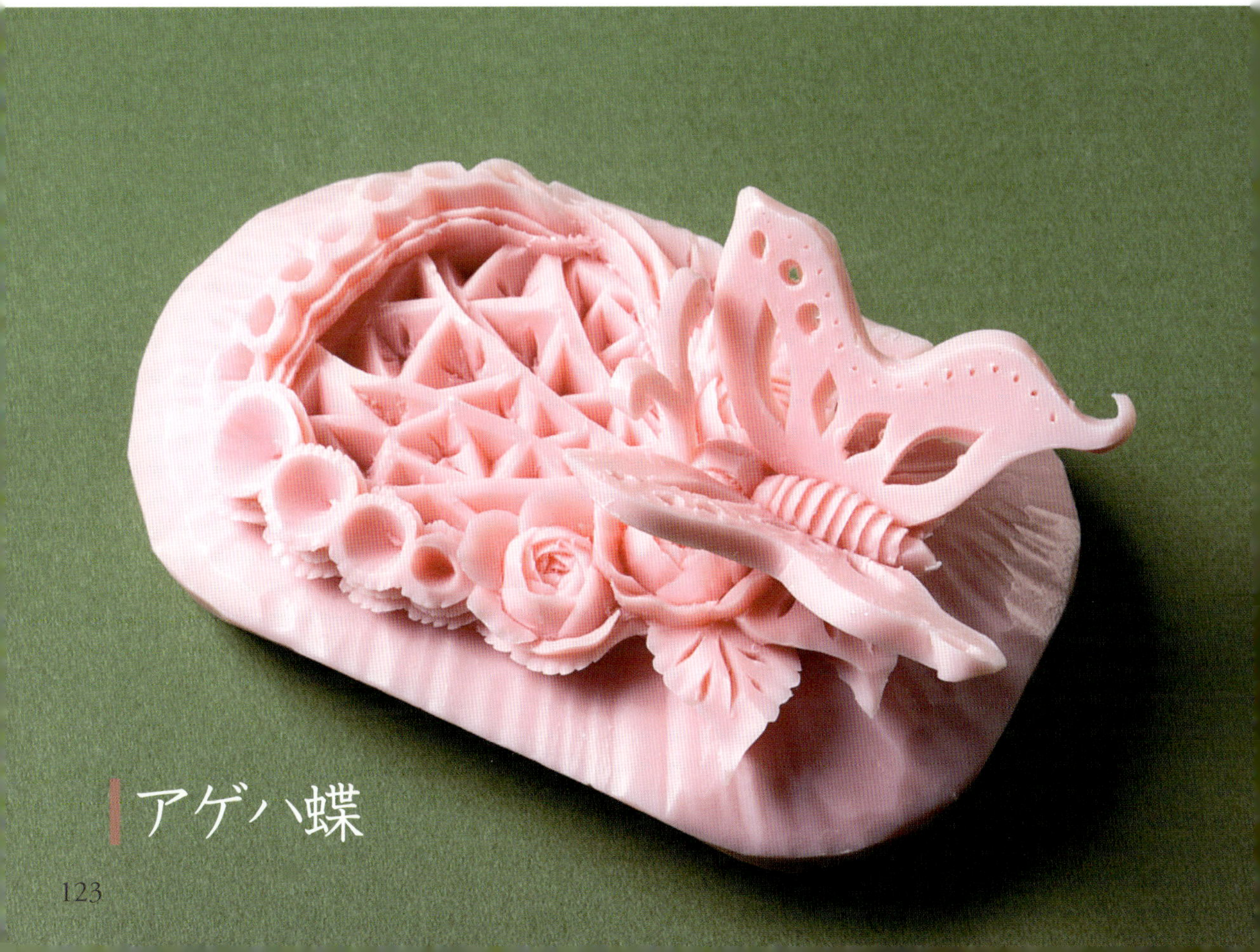

アゲハ蝶

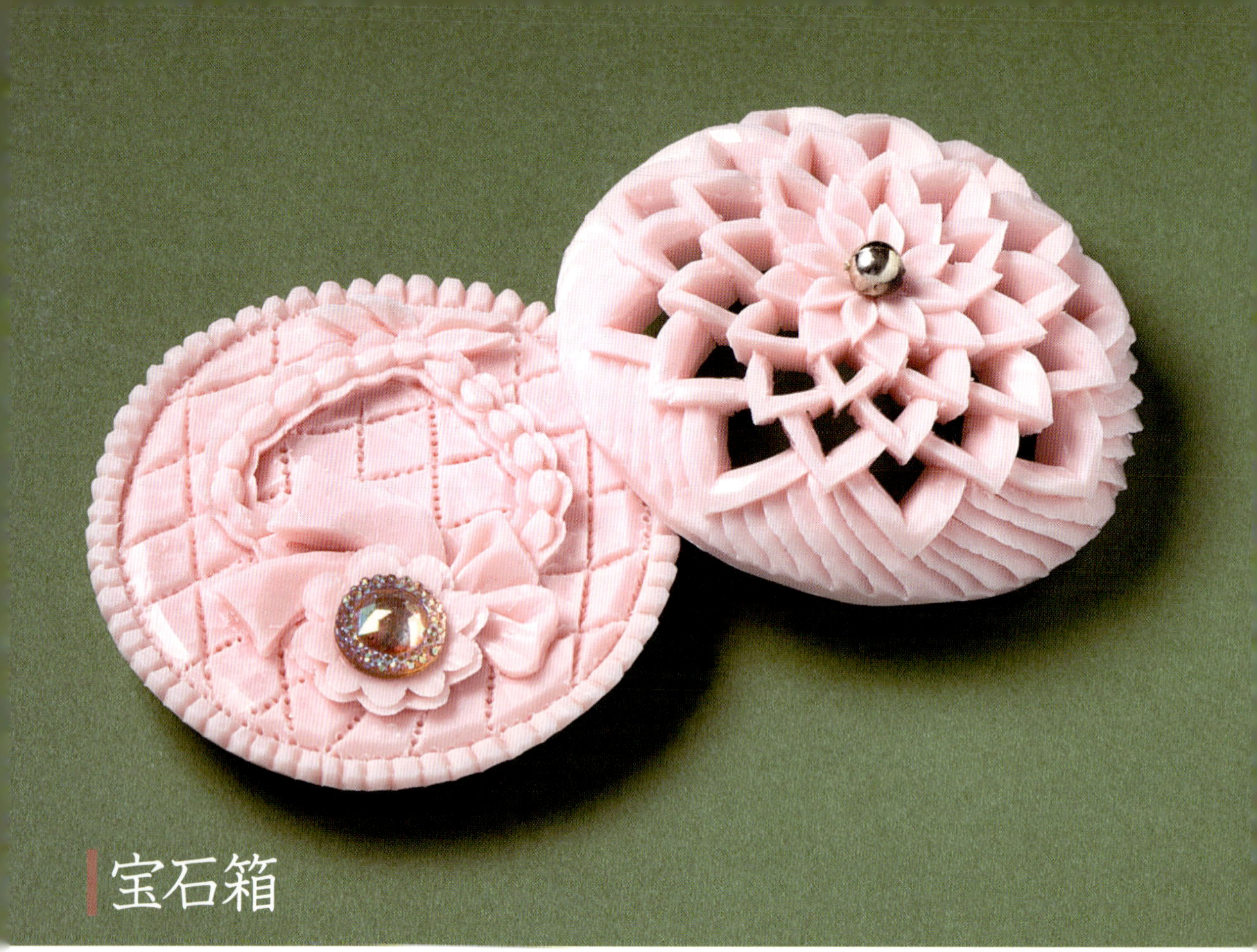

宝石箱

香水瓶

犬

鯱（しゃちほこ）

ひな人形

吊り

金魚

鳳凰

バラ

未来を見つめて

第五章

料理の素材と作り方

秋の八寸

8ページ

《材料》

●水菜とカニ身のおひたし
水菜…15g
薄口八方だし(配合はだし10、薄口醤油0.5、みりん1、塩少々)
車エビ…1尾
ズワイガニほぐし身(ゆでたもの)…10g
枝豆…2粒
黄パプリカのいちょう…1個
クコの実…1粒

●銀杏豆腐
昆布だし…80mℓ
酒…10mℓ
葛粉…10g
銀杏(塩ゆでしたもの)…50g
ズワイガニの足身(ゆでたもの)…15g
わさび…適宜

●さつまいものシロップ煮
さつまいも…100g
シロップ(水2に対して砂糖1の割合で合わせたもの)
クチナシの実…適宜

●タイとにんじんのしんじょ
タイ(おろし身)…50g
にんじん…20g
山芋…5g
八方だし(配合はだし10、薄口醤油1、みりん1)
卵白…3個分

●小鯛の雀鮨風
コダイ(おろし身)…30g
ご飯…10g
すし酢(配合は酢10、砂糖7、塩2)

●タコとずいきの和え物
ゆず釜…1個
タコ足…1本
合わせ酢(配合はだし10、酢2、薄口醤油2、みりん1、砂糖0.9、塩少々、追いがつお適宜)
青ずいき…1本
合わせだし(配合はだし13、薄口醤油1、みりん1)
菊花…適宜

●ごぼうの道明寺揚げ
ごぼう…30g
卵白…適宜
道明寺粉…適宜

●南瓜の八方煮
南瓜の松茸…2個
八方だし(配合はだし16、みりん1、薄口醤油0.8、塩少々)
かぶの菊…1個

《作り方》

●水菜とカニ身のおひたし
1 水菜は塩を少量入れた熱湯で色よくゆで、水にとってさまし、水気を絞る。これを薄口八方だしに20～30分ほど浸して味を含ませ、汁気をきってから適当な大きさに切る。
2 車エビは頭と殻をはずして酒塩で煎り、縦半分に切る。
3 ゆでたズワイガニの身をほぐして水菜と混ぜ合わせ、器に盛る。塩ゆでした枝豆とエビをのせ、いちょう型で抜いた黄パプリカとクコの実を飾る。

●銀杏豆腐
1 昆布だしと酒を合わせ、葛粉を溶いて漉してから鍋に入れる。鍋を強火にかけて、木べらで混ぜながら練る。
2 ぷつぷつと沸騰しはじめたら弱火にし、透明になるまでよく練る。ゆでた銀杏を裏漉しして加え、塩で味を調えたら、ごく弱火で20分程度練る。
3 流し缶に流し入れ、完全にさめて固まったら5cm×3cm程度の長方形に切り分ける。
4 器に入れ、ゆでたカニの足身をのせ、わさびを天盛りにする。

●さつまいものシロップ煮
1 下ゆでし、クチナシの実と一緒にシロップで煮て色と味を含ませる。
2 裏漉しして俵形に成形し、包丁で筋目を入れる。

●タイとにんじんのしんじょ
1 タイのおろし身を当たり鉢ですりつぶし、山芋のすりおろし、にんじんのすりおろし、八方だしを混ぜ合わせる。
2 ひと口大に丸め、八方だしにそっと落としてゆでて水気を切る。
3 1cm厚さに切り、もみじ型で抜く。

●小鯛の雀ずし風
1 3枚におろしたコダイをしっかりめの塩で締める。さっと表面の塩を洗い流し、小骨を取り除き、背側と腹側に分けて引き造りにする。
2 バーナーで皮目を軽くあぶり、2か所に切り込みを入れて軽く開き、雀形にする。
3 すし酢の材料を合わせて煮立て、さましてから炊いたご飯と合わせてすし飯を作る。
4 すし飯とコダイを握る。

●タコとずいきの和え物
1 ゆずは上部1/4のところで2つに切り、果肉を取り除いて皮を器にする。皮には食彩細工を施す。
2 タコ足はゆでて塩水で洗い、ひと口大の乱切りにし、合わせ酢に漬ける。
3 青ずいきは皮をむき、酢を入れた熱湯で色よくゆでて氷水に落とし、さましてから合わせだしに漬けて味を含ませたら、2cm長さに切る。
5 ゆずの器にタコとずいきを盛りつけ、菊花を天盛りにする。

●ごぼうの道明寺揚げ
1 ごぼうは半分程度の長さに切って細切りにし、10分ほど水にさらして水気をよく拭き取る。
2 1/4長さまでを卵白にくぐらせ、道明寺粉をまぶし、中温の油で全体を揚げる。
3 ごぼうの道明寺揚げ4つを上部で結んでひとまとめにし、生のごぼうと竹串で作った「はざ掛け」に掛けて稲穂に見立てる。

仕上げ
1 南瓜は皮をむき、1cm程度の厚みに切って松茸型で抜き、皮は傘部分を残してむく。下ゆでし、少なめの八方だしを入れた鍋で蒸し煮し、火を止めて味を含ませる。
2 大根は皮をむいて8cm程度の筒切りにし、まんじゅう菊の形に食彩細工を施す。
3 皿の右奥にごぼうの道明寺揚げをのせ、隣に俵形のさつまいものシロップ煮を3個のせる。
4 水菜とカニ身のおひたし、銀杏豆腐、タコとずいきの和え物、小鯛の雀ずし風、南瓜の八方煮を盛り合わせ、タイとにんじんのしんじょを3か所にのせて仕上げる。

初春の八寸

10ページ

《材料》

●ごぼう、タラの芽、大根とにんじんの八方煮
新ごぼうのつくし…6本
タラの芽…3本
大根の太鼓橋…2個
にんじんの桜…5個
八方だし（配合はだし10、薄口醤油1、みりん1）

●うどと大根の甘酢漬け
軟白うど…60g
大根の花びら…3枚
甘酢（配合は水2、酢1、砂糖1、塩0.1）
梅肉…適宜

●ホタルイカの含め煮
ホタルイカ…6尾
煮汁（配合はだし3、酒1、みりん1、濃口醤油1.5）

●タイのしんじょ
タイ（おろし身）…40g
山芋…10g
八方だし（配合はだし10、薄口醤油1、みりん1）
あおさのり…適宜
醤油、みりん、砂糖…各適宜
そら豆カエル…2個
黒ごま…4粒

《作り方》

●ごぼう、タラの芽、大根とにんじんの八方煮

1 新ごぼうはつくし形に食彩細工を施し、米のとぎ汁で下ゆでしてアク抜きしてから八方だしで含め煮にする。
2 タラの芽は根元の皮をむいて下ゆでし、八方だしで含め煮にする。
3 大根は8㎜厚さのとい形に切り、桜の花型で抜く。
4 大根と同じ桜の花型で抜いたにんじんを大根のくり抜いた部分にはめ込み、さっと下ゆでし、八方だしで含め煮にする。

●うどの甘酢漬け

1 うどは皮をむき、斜め切りにする。大根は3～4㎜厚さに切って桜の花型で抜く。
2 それぞれ食感が残る程度にさっとゆで、粗熱を取ったら甘酢に漬け込み、味を含ませる。

●ホタルイカの含め煮

1 ホタルイカは口端、目を取り除く。
2 煮汁の材料を煮立たせ、ふっくらするまでゆでて水気を切る。

●タイのしんじょ

1 タイのおろし身を当たり鉢ですりつぶし、山芋のすりおろしと八方だしを混ぜ合わせる。
2 ひと口大に丸め、八方だしにそっと落としてゆでる。水気を切る。
3 あおさのりを醤油、みりん、砂糖と一緒にゆっくり煮詰めて味つける。

盛りつけ

1 タイのしんじょを器の両端に盛りつけ、煮詰めたあおさのりで覆う。
2 新ごぼうのつくし、うどの甘酢漬けを1に刺し、奥にタラの芽を立てる。
3 大根の太鼓橋を中央に盛り、手前にホタルイカと塩ゆでしたそら豆を盛りつける。そら豆に黒ごまを張りつけ、カエルに見立てる。
4 大根の花びらをちらす。

蟹の砧巻き

11ページ

《材料》

●蟹の砧巻き
大根…30g
甘酢（配合は水2、酢1、砂糖1、塩0.1）
カニ足身（ゆでたもの）…15g
薄焼き卵…2個分
きゅうり…20g

●にんじんゼリー
にんじん…150g
板ゼラチン（水で戻しておく）…1枚

●茗荷の甘酢漬け
茗荷…1本
甘酢（配合は水2、酢1、砂糖1、塩0.1）
きゅうり…15g
にんじんのもみじ、大根のもみじ…各2個
かいわれ大根…適宜

《作り方》

1 大根は6～7㎝幅、20㎝長さくらいの厚めの桂むきにし、甘酢に漬けてしんなりさせる。カニ身は甘酢に漬けて軽く味を染み込ませる。
2 薄焼き卵を作って大根と同じ幅になるように切り揃える。
3 水気を拭き取った大根の上に薄焼き卵を重ね、開いたカニ身の甘酢漬け、細切りにして大根と同じ長さに切り揃えたきゅうりを芯としてのせ、手前から巻き込んで形を整える。
4 2㎝厚さに切り分け、大根に軽く切り込みを入れて上部を開いて花の形に整える。
5 にんじんは皮をむいてすりおろし、紙漉しする。
6 にんじん汁に溶かしたゼラチンを加え、バットなどに流して冷やし固め、1㎝角程度に切り分ける。
7 茗荷は熱湯でゆで、ざるにあげてそのまま冷ます。甘酢に入れ、赤く色づくまで漬ける。
8 きゅうりは7㎜ほどの輪切りにし、じゃばらに切る。にんじん、大根は皮をむいて薄切りにし、もみじ型で抜く。
9 器にカニの砧巻きを盛りつけ、にんじんゼリー、じゃばらきゅうり、もみじにんじん、もみじ冬瓜をまわりにあしらう。カニの甘酢漬け、茗荷の甘酢漬けを添え、かいわれ大根をあしらう。

銀杏豆腐

11ページ

《材料》

●銀杏豆腐
昆布だし…80㎖
酒…10㎖
葛粉…10g
銀杏（ゆでたもの）…20g
バイ貝…1個
冬瓜の青もみじ…1個
にんじんの赤もみじ…1個
八方だし（配合はだし16、みりん1、薄口醤油0.8、塩少々）
さつまいものいちょう…1個
赤パプリカの赤もみじ…1個
黄パプリカのいちょう…1個
吸い地八方だし（配合はだし10、酒1、薄口醤油1、塩少々）

銀あん（配合はだし12、酒2、みりん1、薄口醤油1、塩少々、水溶き葛粉適量）
ラディッシュ、わさび…各適宜

《作り方》

1 銀杏豆腐を作る。昆布だしと酒を合わせ、葛粉を溶いて漉してから鍋に入れる。鍋を強火にかけて、木べらで混ぜながら練る。
2 ぷつぷつと沸騰しはじめたら弱火にし、透明になるまでよく練る。ゆでた銀杏を裏漉して加え、塩で味を調えたら、ごく弱火で20分程度練る。
3 流し缶に流し入れ、完全にさめて固まったら5cm×3cm程度の長方形に切り分ける。
4 バイ貝は殻から取り出して肝と唾液腺を取り除く。塩でよく揉んでぬめりを落とし、5mm厚さのそぎ切りにして酒塩で煎る。
5 冬瓜とにんじんは1cm厚さに切り、もみじ型で抜く。にんじんは牛乳、または米のとぎ汁で下ゆでして特有の臭みを抜き、八方だしで含め煮にする。冬瓜はそのまま八方だしで煮含める。
6 さつまいもは1cm厚さに切っていちょう型で抜き、赤パプリカ、黄パプリカはもみじ型といちょう型で抜く。それぞれ吸い地八方だしで煮含める。
7 銀あんの材料を煮立て、水溶きの葛を入れて薄くとろみをつける。
8 器に銀杏豆腐、バイ貝、冬瓜、にんじんを盛り合わせ、銀杏豆腐の上にさつまいも、赤パプリカ、黄パプリカ、ラディッシュの輪切り、わさびをのせる。銀あんを全体にまわしかける。

五月の八寸

12ページ

《材料》

●さつまいもの釜盛り
さつまいもの釜…3個
シロップ（水2に対して砂糖1の割合で合わせたもの）
クチナシの実…適宜
甘エビ…3尾
とびっこ…適宜
イカの練りウニ和え…適宜
松前漬け…適宜
軸三つ葉…適宜
木の芽…適宜

●のどぐろと牡蠣の焼き物
のどぐろ…1尾
真牡蠣…3個

●たけのこの八方煮
たけのこの穂先…1個
米ぬか、赤唐辛子…適宜
八方だし（配合はだし12、酒1、みりん0.5、薄口醤油0.5、塩少々）

●ツブ貝の酒蒸し
ツブ貝…1個

●トリ貝とうるいの土佐酢和え
トリ貝…3個
うるい…適宜
小かぶの釜…1個
薄口八方だし（配合はだし10、薄口醤油1、みりん1、塩少々）
土佐酢（配合は酢1、薄口醤油2、みりん0.3、かつお節少々）
長芋の梅酢漬け…1個
ちんげん菜のバラ…1個
はじかみ生姜…1本
花穂じそ…1枚
ラディッシュの飾り切り…2個

《作り方》

●さつまいもの釜盛り
1 さつまいもは皮をむき、釜形になるように中をくり抜いて食彩細工を施す。
2 下ゆでし、クチナシの実と一緒にシロップで煮て色と味を含ませる。
3 甘エビは頭と殻をはずして酒塩で煎り、とびっこと和える。さつまいもの釜に盛り、軸三つ葉を飾る。
4 イカの練りウニ和えと松前漬けは市販のものを用意し、それぞれさつまいもの釜に盛る。イカの練りウニ和えには木の芽を、松前漬けには軸三つ葉を飾る。

●のどぐろと牡蠣の焼き物
1 のどぐろは内臓を取り除き、塩をふって炭火で両面を香ばしく焼く。
2 牡蠣は殻からはずし、バーナーで表面を炙る。

●たけのこの八方煮
1 たけのこは縦に切り込みを入れ、米ぬか、赤唐辛子と一緒にゆで、そのまま湯止めにしてアク抜きする。
2 皮をむいて切り分け、八方だしでゆっくり含め煮にする。
3 水気を取り、バーナーで表面を軽く炙る。

●ツブ貝の酒蒸し
1 ツブ貝に塩をふり、酒蒸しにする。
2 中身を取り出し、唾液腺を取り除いて殻に戻す。

●トリ貝とうるいの土佐酢和え
1 トリ貝は掃除し、酒塩でさっと煎る。
2 うるいを茎と葉に切り分け、さっと塩ゆでして水気を切る。
3 小かぶを横半分に切り分け、花形の器になるように下部は中をくり抜いてそれぞれ食彩細工を施す。
4 米のとぎ汁で柔らかくなるまで下ゆでし、薄口八方だしで煮て味を含ませる。
5 土佐酢でうるいを和える。
6 うるいを小かぶに盛り、その上にトリ貝をのせ、梅酢に漬けた桜形の長芋を添える。

仕上げ
1 ちんげん菜の根元を切り落とし、バラ形になるよう切り口を整える。
2 ちんげん菜を薄口八方だしで煮て味を含ませる。
3 皿の左端にさつまいもの釜盛りをのせ、はじかみ生姜を添える。
4 中央にのどぐろ、牡蠣、たけのこの八方煮、つぶ貝を盛り合わせ、花穂じそを飾る。
5 皿の右端にちんげん菜と小かぶの釜を盛り合わせる。ちんげん菜は薄く切った小かぶの八方煮を台にしてのせると安定しやすい。
6 幾何学模様の食彩細工を施したラディッシュを添える。

なめこと占地の白和え

13ページ

《材料》
柿の釜…1個
しめじ…15g
なめこ…15g
吸い地八方だし（配合はだし10、酒1、薄口醤油1、塩少々）
生湯葉…15g

にんじんのもみじ…1枚
銀杏…1個
いくら…適宜

《作り方》
1 柿はヘタを取り、芯を取り除く。切り口を四角く整え、表面に彫刻刀で模様を入れる。
2 しめじとなめこは小房に分け、それぞれ吸い地八方だしで煮て味を含ませる。
3 2を砂糖、みりん、薄口醤油で調味した生湯葉で和える。
4 にんじんは皮をむいて薄切りにし、もみじ型で抜く。吸い地八方だしでさっとゆでる。
5 銀杏は殻と薄皮をむき、吸い地八方だしで煮て味を含ませる。
6 皿に柿の葉を敷いて柿をのせ、柿に白和えを盛りつけ、いくらをちらす。にんじんと銀杏を天盛りにする。

葡萄のみぞれ和え

13ページ

《材料》
大根…50g
土佐酢(配合は酢3、だし3、みりん1、薄口醤油1、砂糖0.2、塩少量、カツオ節適宜)
赤パプリカの木の葉…1枚
赤パプリカ、黄パプリカ…各10g
甘酢(配合は水2、酢1、砂糖1、塩0.1)
紫水菜…適宜
吸い地八方だし(配合はだし10、酒1、薄口醤油1、塩少々)
ぶどう(ピオーネ)…5個

《作り方》
1 大根はすりおろし、土佐酢を加えて調味する。
2 赤パプリカは木の葉型で1枚抜き、残りは黄パプリカとともに粗みじん切りにし、ゆでる。木の葉形のパプリカは甘酢に漬け込む。
3 紫水菜は茎を4cm長さに切ってさっとゆで、吸い地八方だしに浸けて味を含ませる。
4 ぶどうは皮をむいて六方にむく。
5 器にぶどうを盛りつけ、パプリカを混ぜ合わせたみぞれをかける。紫水菜と赤パプリカの木の葉の甘酢漬けを天盛りにする。

刺身料理

細魚のうぐいす仕立て

14ページ

《材料》
サヨリ…1尾
冬瓜の器…1個
きゅうりのわさび置き…1個
うに…適宜
大葉、よりにんじん、よりラディッシュ、紫芽、わさび…各適宜

《作り方》
1 サヨリは中骨に頭と尾を付けて三枚におろす。おろし身は腹骨をすき取り、小骨と皮をはずして短冊に切る。
2 冬瓜は中をくり抜いて器にし、表面に食彩細工を施す。
3 冬瓜を皿にのせ、大葉を敷き詰める。サヨリの中骨を大根などを枕にし、頭と尾を立てるように形を整えてのせる。
4 造り身を大葉の上に盛りつけ、よりにんじん、よりラディッシュを飾る。
5 きゅうりは5cm長さ程度に切り分けて切り口を飾り切りし、うに、紫芽、わさびをそれぞれ盛る。

伊勢海老の姿造りと鯛の松皮造り

15ページ

《材料》
伊勢エビ…1尾
タイ(おろし身)…70g
大葉…適宜
南瓜の亀…1個
黒ごま…適宜
小いもの釜…2個
きゅうりの竹…3本
唐辛子玉味噌(配合は赤玉味噌120g、白玉味噌60g、煮切りみりん25㎖、酒15㎖、砂糖20~30g、焼きねぎ100g)
よりにんじん、よりきゅうり、ラディッシュ、紫芽…各適宜

《作り方》
1 伊勢エビは頭と胴を切り離し、殻から身をはずす。身は食べやすい大きさのぶつ切りにする。殻の上に大葉をのせ、造り身を盛る。
2 タイは三枚におろし、皮目に塩をする。熱湯をかけて冷水に取り、霜降りにする。
3 きゅうりは門松形に食彩細工を施し、中に唐辛子玉味噌を少量詰める。
4 氷を詰めた器に、伊勢エビの殻をのせ、殻の上に大葉をのせて造り身を盛る。よりにんじん、よりきゅうり、ラディッシュの薄切りを飾る。
5 半分に切った竹筒を手前にのせ、タイを上に並べる。
6 薬味入れの上に亀形に食彩細工を施した南瓜をふたがわりにのせる。黒ごまを亀につけて、目を作る。
7 小いもに食彩細工を施して小さな釜を作り、器にのせて紫芽を入れる。

初夏の造り盛り合わせ

16ページ

《材料》
車エビ…2尾
ハモ(おろし身)…適宜
アワビ…1個
サザエ…1個
南瓜(コリンキー)の花入れ…1個
大葉、赤かぶのけん、茗荷のけん、大根のけん、よりにんじん、よりきゅうり、紫芽、穂紫蘇、わさび…各適宜

《作り方》
1 車エビは頭をはずし、尾を残して殻をむき、背に切り目を入れて背ワタを取る。
2 尾を熱湯につけ、色が変わったら身を湯に落として湯ぶりし、氷水に取って水気を取る。頭はボイルし、完全に火を通す。
3 ハモのおろし身を皮一枚を残して骨切りし、3cm幅に切る。
4 熱湯に落とし、身が開いたら氷水に取って水気を取る。
5 アワビは粗塩をふり、たわしで身の表面をみがき、水洗いする。ワタをつぶ

さないようにしゃもじなどを殻と身の間に差し入れ、ワタを殻に残して身をはがす。

6 クチとまわりの固い部分、エンガワを切り落とす。身に数本筋目を入れ、そぎ切りにする。

7 サザエはワタごと殻から取り出し、フタをはずす。エンガワとクチバシを切り取り、塩でもんで水洗いし、水気を取る。殻は盛りつけ用にきれいに洗う。

8 砂袋と腸を取り除き、そぎ切りにする。

9 南瓜は取っ手つきの花入れ形に食彩細工を施し、氷を敷き詰めた皿の上にのせる。車海老の身と頭を盛りつけ、花穂じそを添える。

10 サザエの殻に大根のけんを詰め、サザエの造り身をのせ、器に盛る。薄切りにしたきゅうりを添える。

11 小皿に大葉を敷いてハモちりをのせ、器に盛る。花穂じそを添える。

12 南瓜の花入れの手前に大葉を敷き、アワビの造り身をのせ、赤かぶのけん、茗荷のけん、紫芽、わさびを盛る。よりにんじんとよりきゅうりをちらす。

鯛とサーモンと車海老のお造り

17ページ

《材料》

サーモン（サク取りしたもの）…30g
タイ（おろし身）…30g
車エビ…1尾

●栗の甘露煮

栗…3個
シロップ（水2に対して砂糖1の割合で合わせたもの）
クチナシの実…適宜
ゆずドレッシング（配合はゆず果汁1、濃口醤油0.8、みりん0.1、煮切り酒0.1、昆布適宜、かつお節適宜）
板ゼラチン（水で戻しておく）…ゆずドレッシング200㎖に対し1枚
トマトの椿…3個
ラディッシュの飾り切り…2個
にんじんの花びら…2個
ブロッコリー、カリフラワー、海藻麺…各適宜

《作り方》

1 栗はひと晩水に浸し、皮をむく。クチナシの実と一緒にシロップで煮て味と色を含ませる。

2 ゆずドレッシングに溶かしたゼラチンを加えて混ぜ合わせ、バットなどに流して冷蔵庫で固める。

3 トマトは芯を取り除いて、桂むきの要領で厚めに皮をむいてくるくると丸め、上部を外側に広げて椿形に成形する。

4 ラディッシュは葉つきのまま、カービングナイフで幾何学模様を彫る。

5 にんじんは皮をむいて1㎝程度の輪切りにし、花びら型で抜く。米のとぎ汁でさっとゆでる。

6 ブロッコリーとカリフラワーは房ごとに分けてさっと下ゆでする。

7 車エビは背ワタを取り、頭と尾ひと節を残して殻をむく。先に頭と尾を熱湯につけ、色が変わったら身を湯に落として湯ぶりし、氷水に取って水気を取る。

8 サーモンとタイはそれぞれそぎ造りにし、身を少しずつずらしながら重ねてくるくると巻き、上部を外側に広げてバラ形に成形する。

9 器の底にドライアイスをのせ、ふちに氷を敷き詰め、その周りに造りと野菜を彩りよく盛りつける。トマトの中心には栗の甘露煮をのせ、海藻麺と1㎝角に切ったゆずドレッシングゼリーを添える。

鱧の湯引きとポン酢漬け

18ページ

《材料》

●パプリカ、ブロッコリー、茗荷の甘酢漬け

赤パプリカ、黄パプリカ…各少々
ブロッコリー…10g
茗荷…1本
甘酢（配合は水2、酢1、砂糖1、塩0.1）
ミニトマト…1個
ラディッシュの飾り切り…2個
ハモ（おろし身）…30g
ポン酢（配合は柑橘酢1、濃口醤油0.8、薄口醤油0.2、煮きり酒1、煮きりみりん0.5、昆布適量、かつお節適量）
フリルレタス、梅肉…各適宜

《作り方》

1 赤パプリカ、黄パプリカは薄切りにし、甘酢に漬け込む。

2 ブロッコリーは小房に分けて熱湯でゆで、ざるにあげて塩をふって冷まし、甘酢に漬け込む。

3 茗荷は熱湯でゆで、ざるにあげて塩をふって冷ます。甘酢に入れ、赤く色づくまで漬ける。

4 ミニトマトは湯むきする。皮は完全に取り除かず、5㎜幅に切り込みを入れ、上方向に形を整える。ラディッシュは幾何学模様をカービングナイフで彫る。

5 ハモはおろし身を用意し、皮1枚を残して骨切りし、3㎝幅くらいに切る。熱湯に落として身が開いてきたら氷水に取り、水気を取る。半量はポン酢に漬けて味を含ませる。

6 ガラス製の器に氷を敷き、フリルレタスをのせる。その上にポン酢に漬けていないほうのハモを盛りつけ、梅肉を添える。

7 皿に6をのせ、ラディッシュ、ミニトマト、パプリカの甘酢漬け、ブロッコリーの甘酢漬け、ハモのポン酢漬け、茗荷の甘酢漬けを彩りよく盛りつける。

鯛のカルパッチョ

19ページ

《材料》

タイ（サク取りしたもの）…80g
車エビ…1尾

●さつまいものシロップ煮

さつまいものバラ…1個
シロップ（水2に対して砂糖1の割合で合わせたもの）

●ポン酢ジュレ

ポン酢（配合は柑橘酢1、濃口醤油0.8、薄口醤油0.2、煮きり酒1、煮きりみりん0.5、昆布適量、かつお節適量）
板ゼラチン（水でふやかしておく）…ポン酢160㎖に対し5g
赤パプリカ、黄パプリカ…各10g
菊花…適宜

甘酢（配合は酢1、砂糖1、塩少々）
ブロッコリー…10g

《作り方》

1 タイはサク取りして薄造りにし、全体を直火で軽くあぶる。

2 車エビは背ワタを取り、塩を少々入れた熱湯で霜降りする。尾、殻をはずし、頭は胴と切り分け、殻を立たせるようにむく。

3 さつまいもは皮をむいてバラの形に食彩細工を施す。下ゆでし、シロップで煮て味を含ませ、バーナーで表面を炙る。

4 ポン酢の材料を混ぜ合わせ、水で戻して溶かしたゼラチンを加えて冷やし固める。

5 2色のパプリカは5㎜角に切り、ポン酢ジュレを崩しながら混ぜ合わせる。

6 菊花は酢を加えた熱湯にさっと通し、甘酢に漬け込む。

7 ブロッコリーは小房に分けてさっと塩ゆでする。

8 皿にタイを盛りつけ、真ん中にエビを盛りつける。さつまいものシロップ煮、ブロッコリー、水気を絞った菊花をのせ、パプリカ入りのポン酢ジュレを流す。

煮 物

おでん盛り合わせ

20ページ

《材料》

●牛肉の大和煮
和牛スジ…50g
煮汁（だし80、濃口醤油5、みりん5、砂糖1）
生姜…適宜

●鶏つみれ
鶏挽き肉…50g
全卵…1/2個

●海老つみれ
車エビ…100g
全卵…1/2個
南瓜のひまわり…1個
大根の井桁…1個
南瓜の木の葉…1個
大根のあやめ…2個
にんじんのコスモス…2個
里芋…2個
ちんげん菜…1枚
赤こんにゃく…50g
松茸…5本
ごぼう天…50g
鍋地（配合はだし20、酒1、みりん1、薄口醤油0.7、塩少々）

《作り方》

1 牛肉の大和煮を作る。牛肉は油を敷いたフライパンで表面に焼き色をつけ、煮汁とせん切りにした生姜を煮立てた鍋に入れ、アクを取りながら柔らかくなるまで弱火でじっくり味を含ませる。

2 鶏つみれの材料を粘りが出るまでよく練り合わせる。エビつみれは、エビをすり身にして同様によく練る。

3 南瓜はワタを取り除き、ひまわり形に食彩細工を施す。1㎝厚さに切って木の葉型で抜いたものも用意する。

4 大根は井桁形とあやめ形に食彩細工を施し、にんじんは1㎝厚さに切ってコスモス型で抜き、包丁で花びらの模様を入れる。それぞれ米のとぎ汁で下ゆでする。

5 里芋はゆでこぼして皮をむく。ちんげん菜はひと口大に切り分ける。

6 具材を火が通りづらいものから鍋地に入れ、じっくりと煮含める。

冬の炊き合わせ

22ページ

《材料》

●かぶ釜しんじょ
かぶの松ぼっくり…1個
かぶのふたつき器…1個
車エビ…100g
山芋…10g
薄口八方だし（配合はだし16、薄口醤油1、みりん1、砂糖1）

●車海老の芝煮
車エビ…1尾
酒八方だし（配合はだし4、酒4、みりん1、薄口醤油少々、塩少々）

●あん肝の酒蒸し
あん肝…30g
酒…適宜
絹さや…2本
しめじ…5本
吸い地八方だし（配合はだし200、淡口醤油1、酒1、塩少々）
銀あん（配合はだし12、酒2、みりん1、薄口醤油1、塩少々、水溶き葛粉適量）
木の芽…適宜

《作り方》

●かぶ釜しんじょ

1 小さめのかぶを選び、中をくり抜いて松ぼっくり形に食彩細工を施す。茎の根元も切り落とさずに残す。大きめのかぶは横半分に切り、中をくり抜いて花形に食彩細工を施し、器として使用する。

2 米のとぎ汁で柔らかくなるまで下ゆでし、水気を切る。

3 車エビを当たり鉢ですりつぶし、山芋のすりおろしと薄口八方だしを混ぜ合わせ食紅で染める。

4 3をかぶの松ぼっくりの中に詰め、薄口八方だしで煮て味を含ませる。かぶの器も薄口八方だしで煮る。茎の色が飛ばないよう、茎部分は液体に漬からないようにして煮るとよい。

●車海老の芝煮

1 車エビの背ワタを取り、頭と尾を残して殻をむく。塩を少量加えた熱湯で霜降りする。

2 酒八方だしに入れ、ひと煮立ちしたら火を止め、そのままおいて味を含ませる。

●あん肝の酒蒸し

1 あん肝は血管を取り除き、塩を強めにふっておき、酒で洗いながら塩を落とす。

2 水分を拭き取ったらアルミ箔で包んで形を整え、蒸し上げる。

仕上げ

1 絹さやは筋を取り除き、吸い地八方だしで炊いて味を含ませる。

2 しめじは塩を入れた湯でさっと下ゆでし、吸い地八方だしで炊いて味を含ませる。

3 銀あんの材料を煮立て、水溶きの葛を入れて薄くとろみをつける。

4 器にかぶ釜しんじょ、かぶのふたつき器をのせ、器の中にあん肝の酒蒸し、海老の芝煮、絹さや、しめじを盛り合わせる。

5 銀あんを全体にまわしかけ、木の芽を飾る。

春の炊き合わせ

23ページ

《材料》

●ロブスターの黄身煮

ロブスター…30g
薄力粉…適宜
黄身衣(配合は卵黄2個に対し、小麦粉1カップ、水1カップ)

●二見椎茸の八方煮

椎茸…2個
薄力粉…適宜
ハモ(すり身)…適宜
八方だし(配合はだし10、薄口醤油1、みりん1、塩少々)
梅肉…適宜

●里芋、うど、たけのこの八方煮

里芋…3個
白八方だし(配合はだし8、酒0.2、みりん0.8、塩少々)
うどのたけのこ(食彩細工を施したもの)…3本
たけのこの穂先…1個分
米ぬか、赤唐辛子…各適宜
八方だし(配合はだし12、酒1、みりん0.5、薄口醤油0.5、塩少々)
銀あん(配合はだし12、酒2、みりん1、薄口醤油1、塩少々、水溶き葛粉適量)
木の芽…適宜

《作り方》

●ロブスターの黄身煮

1 ロブスターは頭と胴を切り離し、殻から身をはずす。身を食べやすい大きさのぶつ切りにし、薄力粉を薄くまぶす。

2 黄身衣の材料を混ぜ合わせて1をくぐらせ、180度くらいの油で揚げる。

●二見椎茸の八方煮

1 椎茸は軸を切り落とし、傘の裏側に薄力粉を軽くまぶす。

2 ハモを当たり鉢ですりつぶし、八方だしで軽く味つけ、梅肉で色づける。

3 椎茸を裏返してすり身をのせ、空洞ができないように傘の裏側全体に伸ばす。

4 八方だしをひと煮立ちさせ、3を入れてゆっくり味を含ませる。

●里芋、うど、たけのこの八方煮

1 里芋は上下を切り落として六方に皮をむき、米のとぎ汁で下ゆでしてから水にさらし、白八方だしで煮含める。

2 うどは根元を切り落とし、細い茎などを切り落としてたけのこ形に整える。米のとぎ汁で下ゆでし、白八方だしで煮含める。

3 たけのこは縦に切り込みを入れ、米ぬか、赤唐辛子と一緒にゆで、そのまま湯止めにしてアク抜きする。

4 皮をむき、八方だしでゆっくり含め煮にする。

仕上げ

1 二見椎茸は半分に切って盛り合わせる。たけのこも縦半分に切って盛りつける。ロブスターの黄身煮、里芋、うどの八方煮を盛り合わせる。

2 銀あんの材料を煮立て、水溶きの葛を入れて薄くとろみをつける。銀あんを全体にまわしかけ、木の芽を飾る。

初夏の炊き合わせ

23ページ

《材料》

●南瓜の八方煮

南瓜の帆掛舟…2個
八方だし(配合はだし10、薄口醤油1、みりん1、砂糖0.2、塩少々)

●ホタテとホタルイカの含め煮

ホタテ…2個
ホタルイカ…2個
煮汁(配合はだし3、酒1、みりん1、濃口醤油1.5)

●タコの柔らか煮

タコ足…2本
煮汁(配合はだし8、酒2、砂糖1、濃口醤油0.8、たまり醤油0.2、みりん0.2)

●里芋の白煮

里芋…5個
白八方だし(配合はだし8、酒0.2、みりん0.8、塩少々)

●オクラのおひたし

オクラ…5本
吸い地八方だし(配合はだし4、酒1、薄口醤油0.5、塩0.8)
いんげん…1本
銀あん(配合はだし12、酒2、みりん1、薄口醤油1、塩少々、水溶き葛粉適量)
ラディッシュ、木の芽…各適宜

《作り方》

●南瓜の八方煮

1 南瓜はワタを抜き、皮をむいて帆掛舟の形に食彩細工を施す。帆は扇形に薄切りにしたものを使う。どちらも下ゆでする。

2 少なめの八方だしを入れた鍋で蒸し煮し、火を止めて味を含ませる。

●ホタテとホタルイカの含め煮

1 ホタテは殻からはずし、ウロを取り除く。ホタルイカは口端、目を取り除く。

2 煮汁の材料を煮立たせ、それぞれ別にゆでて水気を切る。

●タコの柔らか煮

1 タコ足はさっと湯通ししてから流水に取り、汚れやぬめりを取り除く。ひと口大に切り分ける。

2 煮汁の材料をわかし、煮立ったらタコを入れ、落としぶたをして弱火で柔らかくなるまでじっくり煮る。

●里芋の白煮

1 里芋は上下を切り落として六方に皮をむき、米のとぎ汁で下ゆでし、水にさらす。

2 白八方だしで煮含める。

●オクラのおひたし

1 オクラは塩をして板ずりし、根元を切り落とす。色よくゆでる。

2 水気を切り、粗熱が取れたら、吸い地八方だしに浸けて味を含ませる。

仕上げ

1 いんげんは筋を取り除いてさっと塩ゆでする。

2 銀あんの材料を煮立て、水溶き葛粉を入れて薄くとろみをつける。

3 南瓜の帆立舟にホタテ、ホタルイカ、いんげんを盛り付けて器に盛る。帆を刺す。

4 オクラ、タコ、里芋を器に盛り合わせ、銀あんを全体にまわしかける。薄切りにしたラディッシュ、木の芽をホタテの上に飾る。

鱸の甘酢あんかけ

24ページ

《材料》

スズキ(おろし身)…50g

●南瓜の八方煮

南瓜のひまわり…1個

八方だし(配合はだし16、みりん1、薄口醤油0.8、塩少々)

●にんじんの八方煮

にんじんのとうもろこし…1個

八方だし(配合はだし16、みりん1、薄口醤油0.8、塩少々)

●大根の八方煮

大根、紅芯大根のあじさい…各2個

白八方だし(配合はだし10、みりん1、酒1、砂糖0.2、塩少々)

玉ねぎ、赤パプリカ…各10g

ちんげん菜、白菜…各10g

紫にんじん(パープルスティック)の朝顔…1個

甘酢あん(配合は酢1、だし10、みりん1、薄口醤油1、砂糖0.2、水溶き葛粉適宜)

《作り方》

1 スズキはひと口大に切り分け、軽く塩をふって20分ほどおいて水気を拭き取る。小麦粉をまぶし、中温の油でカラリと揚げる。

2 南瓜はワタを取り除き、1㎝程度の厚みに切ってひまわり型で抜き、皮を部分的にむいて飾り切りし、下ゆでする。

3 少なめの八方だしを入れた鍋で蒸し煮し、火を止めて味を含ませる。

4 にんじんは皮をむいてとうもろこし形に食彩細工を施し、牛乳、または米のとぎ汁で下ゆでして特有の臭みを抜き、八方だしで含め煮にする。

5 大根と紅芯大根はあじさい型で抜き、包丁で花びらの切り込みを入れる。白八方だしで煮含める。

6 玉ねぎ、パプリカ、ちんげん菜、白菜はひと口大に切り、塩、こしょうをふって軽く焼き色がつくまで炒める。

7 紫にんじんは皮をむいて朝顔の形に食彩細工を施し、中温の油で素揚げする。

8 甘酢あんの材料を合わせて煮立たせ、水溶き葛粉を適量入れてとろみをつける。

9 器にスズキと野菜を盛り合わせ、上から甘酢あんをまわしかける。

鮑の柔らか煮

25ページ

《材料》

アワビ…1個

八方だし(配合はだし10、みりん1、薄口醤油1、塩少々)

南瓜の器…1個

赤パプリカ、黄パプリカ…各少々

水溶き葛粉、パセリ…各適宜

《作り方》

1 アワビは身にたっぷりの粗塩をふり、タワシなどでこすって磨き、汚れやぬめりを取り除く。殻からはずして口やエンガワを取り除く。

2 大根の切れ端と一緒に酒と水で柔らかくゆで、八方だしでじっくり煮含める。

3 南瓜は上面を切り、中をくり抜いて器にし、食彩細工を施す。

4 南瓜の中にアワビを入れてフタをし、蒸し上げる。

5 赤パプリカと黄パプリカはワタを取って薄切りにし、八方だしで煮含める。

6 アワビを炊いた八方だしに水溶き葛粉を加えてとろみをつけ、アワビにまわしかける。

7 皿に南瓜をのせ、アワビの上にパプリカをのせる。パセリを天盛りにし、南瓜のフタを立てかける。

風呂吹き大根

25ページ

《材料》

大根の釜…1個

昆布だし

春菊…少々

●カニと菊花の吉野あん

カニ身(ほぐし身)…20g

菊花…10g

銀あん(配合はだし12、酒2、みりん1、薄口醤油1、塩少々、水溶き葛粉適量)

カニ足身(ゆでたもの)…1本

《作り方》

1 大根は皮をむき、花の形に食彩細工を施す。煮崩れないよう気をつけながら、昆布だしで柔らかくなるまでじっくり煮る。

2 春菊はひと口大に切り分けてさっと塩ゆでし、八方だしに浸けておひたしにする。

3 菊花は酢を加えた熱湯にさっと通し、冷水にとって水気を絞る。

4 銀あんの材料を煮立て、ほぐしたカニ身と菊花を加えて混ぜ合わせ、水溶き葛粉を入れて薄くとろみをつける。

5 器の中央に風呂吹き大根をのせ、上に春菊のおひたしとカニ足身を盛りつけ、4を全体にまわしかける。

焼き物・揚げ物

鮭の味噌漬け

26ページ

《材料》

●サケの味噌漬け

サケ(切り身)…30gのもの3切れ

味噌床(配合は白味噌10、みりん1、酒1)

●とうもろこしと枝豆のしんじょ

タイのすり身…100g

山芋…10g

八方だし(配合はだし10、薄口醤油1、みりん1、塩少々)

とうもろこし…20g

枝豆…20g

●南瓜の八方煮

南瓜のとうもろこし…2個

八方だし(配合はだし10、薄口醤油

1、みりん1、塩少々)

●茗荷の甘酢漬け

茗荷…1本

甘酢(配合は水2、酢1、砂糖1、塩0.1)

サワガニ…2尾

ズッキーニのかぶとむし…2個

なすのかぶとむし…2個

ビワカスタード餅…2個

すだち…1個

《作り方》

●サケの味噌漬け

1 サケの切り身に軽く塩をふってしばらくおき、出てきた余分な水分を拭き取る。

2 深めのバットに練り混ぜた味噌床を入れてガーゼを敷き、サケをのせる。ガーゼをかぶせて味噌床を敷き詰め、ふた(またはラップ)で密閉して常温(20度前後)で一晩漬け込む。

3 サケを取り出して味噌を拭き取り、金串を打ってきれいな焼き目がつくように焼き上げる。

●とうもろこしと枝豆のしんじょ

1 白身魚を当たり鉢ですりつぶし、山芋のすりおろしと八方だしを混ぜ合わせる。

2 とうもろこしと枝豆はそれぞれさっと塩ゆでし、とうもろこしは粒ごとに分け、枝豆は皮をむく。

3 1と2を混ぜ合わせてひと口大に丸め、中温の油でからりと揚げる。

仕上げ

1 南瓜は皮をむいてとうもろこし形に食彩細工を施す。下ゆでし、少なめの八方だしを入れた鍋で蒸し煮し、火を止めて味を含ませる。

2 茗荷は熱湯でゆで、ざるにあげてそのまま塩をふってさます。これを甘酢に入れ、赤く色づくまで漬ける。

3 サワガニは泥抜きしてから、中温の油で素揚げする。

4 ナスとズッキーニは皮つきのままカブトムシ形に食彩細工を施す。中温の油で素揚げする。

5 器に柏の葉を敷き、サケの味噌漬け、とうもろこしと枝豆のしんじょ、市販のビワカスタード餅、南瓜の八方煮を盛り合わせ、半分に切って飾り切りにしたすだちをのせる。

6 サワガニ、ズッキーニ、ナスの素揚げを飾り、茗荷の甘酢漬けを刺し、もみじの葉をちらす。

秋刀魚の祐庵焼き

28ページ

《材料》

サンマ(おろし身)…1尾分

祐庵地(配合は酒1、みりん1、濃口醤油1)

茗荷の甘酢漬け

茗荷…1本

甘酢(配合は水2、酢1、砂糖1、塩0.1)

金山寺味噌…適宜

《作り方》

1 サンマのおろし身を縦に3等分し、三つ編みにし、祐庵地に30~40分程度漬け込む。

2 汁気を切って波串を打ち、焦げないように注意しながら両面を焼く。焼き上がりに漬け地をかけてあぶって乾かし、照りをつける。

3 茗荷は熱湯でゆで、ざるにあげて塩をふってさます。これを甘酢に入れ、赤く色づくまで漬ける。

4 皿に木の芽を敷き、サンマを盛りつけ、茗荷と金山寺味噌を添える。

魳の祐庵焼き

29ページ

《材料》

カマス(おろし身)…50g

祐庵地(配合は酒1、みりん1、濃口醤油1)

鼈甲あんのジュレ(配合はだし10~12、みりん0.8、濃口醤油1、板ゼラチン適宜)

金山寺味噌…適宜

しめじ…適宜

八方だし(配合はだし16、みりん1、薄口醤油0.8、塩少々)

銀杏…1粒

黄パプリカのいちょう…4枚

赤パプリカの木の葉…4枚

《作り方》

1 カマスのおろし身は祐庵地に30~40分程度漬け込み、両づまに折って串を打ち、炭火でじっくり焼く。

2 しめじは石づきを取り、八方だしで煮含める。

3 鼈甲あんの材料を合わせて煮立て、水で戻したゼラチンを加え、冷やし固める。

4 皿の中央にカマスをのせ、金山寺味噌、しめじをのせ、銀杏を天盛りにする。

5 いちょう型と木の葉型で抜いた黄パプリカと赤パプリカをカマスのまわりに飾り、鼈甲あんのジュレを流す。

魳のきのこネーズ焼き

30ページ

《材料》

カマス(おろし身)…60g

祐庵地(配合は酒1、みりん1、濃口醤油1)

●さつまいものシロップ煮

さつまいものいちょう…2個

シロップ(水2に対して砂糖1の割合で合わせたもの)

クチナシの実…適宜

なめこ、椎茸、しめじ…各適宜

マヨネーズ…適宜

菊花…適宜

ぶどう(巨峰)…1個

《作り方》

1 カマスのおろし身は祐庵地に30~40分程度漬け込み、片づまに折って串を打ち、炭火でじっくり焼く。

2 さつまいもは1cm厚さに切っていちょう型で抜き、クチナシの実と一緒にシロップで煮て色と味を含ませる。

3 なめこ、椎茸、しめじは石づきを取ってさっとゆで、マヨネーズとあえる。

4 菊花は酢を加えた熱湯にさっと通し、冷水にとって水気を絞る。

5 カマスの上にマヨネーズであえたきのこをのせ、バーナーで焼き色をつける。

6 器にカマス、さつまいも、切り口が山形になるように飾り切りにしたぶどうを盛りつけ、ぶどうの上に菊花をのせる。

いちじくの天麩羅

30ページ

《材料》

カスタードクリーム（配合は卵黄5個、砂糖100g、牛乳100g、薄力粉5g）

●赤パプリカのシロップ煮

赤パプリカの木の葉…1枚

シロップ（水2に対して砂糖1の割合で合わせたもの）

いちじく…1個

天麩羅衣（配合は全卵1個に対し、水100㎖、薄力粉50g）

生クリーム、ミントの葉…各適宜

《作り方》

1 小鍋に牛乳と砂糖半量を入れて沸騰させる。残りの砂糖と卵黄をボウルでよくすり混ぜ、ふるった薄力粉を加えてよく混ぜる。

2 牛乳をボウルに半量注いで混ぜ合わせる。鍋に戻し、全体をよく混ぜ合わせる。強火で炊いてカスタードクリームを作り、冷やしておく。

3 赤パプリカは木の葉型で抜き、シロップで煮て味を含ませる。

4 いちじくは皮をむいて打ち粉をし、天ぷら衣にくぐらせる。中温の油で揚げる。

5 皿にいちじくの天ぷらを盛りつけ、丸口金をつけた絞り袋でカスタードクリームを絞り、バーナーでクリームを香ばしく焦がす。

6 いちじくの上にホイップクリームを絞り、赤パプリカとミントの葉を飾る。

蒸し鮑となす田楽

31ページ

《材料》

赤玉味噌（配合は卵黄5個に対し、赤味噌250g、みりん50㎖、酒50㎖、砂糖75g）

なすの茶壷…2個

アワビ…2個

八方だし（配合はだし10、みりん1、薄口醤油1、塩少々）

車エビ…3尾

酒八方だし（配合はだし4、酒4、みりん1、塩少々、薄口醤油少々）

冬瓜のひょうたん…1個

冬瓜の青もみじ…1個

白八方だし（配合はだし10、みりん1、酒1、塩少々）

しめじ…少々

なめこ…少々

木の芽…適宜

《作り方》

1 赤玉味噌の材料を鍋で混ぜ合わせ、弱火にかける。

2 焦がさないように注意しながら木杓子でていねいに練る。つやが出て、木杓子にくっつく程度になったら火からおろして漉す。

3 なすは長さを半分程度で切り分け、表面に食彩細工を施す。中身を少しくり抜く。

4 くり抜いたところに赤玉味噌を詰め、180℃くらいの油で素揚げする。

5 アワビは身にたっぷりの粗塩をふり、タワシなどでこすって磨き、汚れやぬめりを取り除く。殻からはずして口やエンガワを取り除く。

6 大根の切れ端と一緒に酒と水で柔らかくゆで、八方だしでじっくり煮含める。

7 車エビは背ワタを取り、塩を少々加えた熱湯で霜降りして殻をむく。酒八方だしに入れ、ひと煮立ちしたら火を止め、味を含ませる。

8 冬瓜は1㎝厚さに切ってひょうたん型ともみじ型でそれぞれ抜き、白八方だしで煮含める。

9 しめじ、なめこは小房に分け、それぞれ八方だしで煮含める。

10 皿になすとアワビを盛りつけ、なすの上にエビ、しめじ、なめこ、冬瓜をのせる。木の芽を飾って仕上げる。

花の炊き合わせ

32ページ

《材料》

●ビーツの海老しんじょ射込み

ビーツの松ぼっくり…2個

車エビ…30g

山芋のすりおろし…10g

薄口八方だし（配合はだし10、薄口醤油1、みりん1、塩少々）

●南瓜まんじゅう

南瓜のダリアの花…3個

南瓜…100g

ハモ（すり身）…20g

本葛粉…10g

薄口八方だし（配合はだし10、薄口醤油1、みりん1、塩少々）

鶏挽き肉…3g

●大根と紅芯大根の紅白菊

大根の菊…1個

紅芯大根の菊…1個

白八方だし（配合はだし10、酒1、みりん1、塩少々）

ズッキーニ…適宜

銀あん（配合はだし12、酒2、みりん1、薄口醤油1、塩少々、水溶き葛粉適量）

《作り方》

●ビーツの海老しんじょ射込み

1 小さめのビーツを選び、底から¼のところで切り分け、上部は中をくり抜いてダリアの花の形に食彩細工を施す。底側の茎の根元も切り落とさずに残す。底側のふちにも波形に食彩細工を施す。

2 米のとぎ汁で柔らかくなるまで下ゆでし、水気を切る。

3 車エビを当たり鉢ですりつぶし、山芋のすりおろしと薄口八方だしを混ぜ合わせる。

4 3をビーツの中に詰め、薄口八方だしで煮て味を含ませる。底側のビーツも同様に煮る。

●南瓜の八方煮と南瓜まんじゅう

1 南瓜は皮をむいて種を取り除き、ダリアの花の形に3個食彩細工を施す。下ゆでし、少なめの薄口八方だしを入れた鍋で蒸し煮し、火を止めて味を含ませる。

2 南瓜まんじゅう用の南瓜は皮をむいて蒸し、裏漉す。

3 裏漉した南瓜に当たり鉢ですったハモ身、本葛粉を加えて混ぜ、薄口八方だしで調味する。

4 フライパンにサラダ油を熱し、鶏挽き肉を入れて炒め、薄口八方だしを加えて炒める。

5 ガーゼに3をのせ、中に鶏そぼろを入れて茶巾にする。

●大根と紅芯大根の紅白菊

1 2種の大根を7㎝程度の厚みに輪切りし、それぞれ菊形に食彩細工を施す。

2 下ゆでし、煮崩れないように少なめの白八方だしを入れた鍋で蒸し煮し、火を止めて味を含ませる。

仕上げ

1 ズッキーニは縦に薄く切り、さっと下ゆでする。

2 銀あんの材料を煮立て、水溶き葛粉を入れて薄くとろみをつける。

3 器にズッキーニをのせ、上に南瓜まんじゅうを並べ、ガーベラ形の南瓜をのせる。

4 ビーツのエビしんじょ射込み、大根と紅芯大根の紅白菊をそれぞれのせ、上から銀あんをかける。

蒸し物・炒め物

鯛の吹き寄せ蒸し

33ページ

《材料》

●かぶらまんじゅう

かぶ…50g

卵白…10g

片栗粉…5g

車エビ…1尾

椎茸…適宜

銀杏…1個

赤えんどう豆…2個

タイ(おろし身)…20g

にんじんのもみじ…適宜

八方だし(配合はだし16、みりん1、薄口醤油0.8、塩少々)

しめじ…10g

黄パプリカのいちょう…1枚

赤パプリカの木の葉…1枚

銀あん(配合はだし12、酒2、みりん1、薄口醤油1、塩少々、水溶き葛粉適宜)

わさび…適宜

《作り方》

1 かぶをすりおろし、卵白、片栗粉を混ぜ合わせ、薄口醤油10㎖、塩少々、味の素小さじ1/2で調味する。

2 エビは頭、殻、背ワタを取って1㎝程度に切り分ける。細切りにした椎茸、銀杏、赤えんどう豆とともに1に混ぜ合わせる。

3 直径5~6㎝程度に丸め、蒸し器で蒸し上げる。

4 タイのおろし身はひと口大に切って蒸し上げる。

5 にんじんは皮をむいて薄切りにし、もみじ型で抜く。八方だしで柔らかく煮る。

6 しめじは石づきを取り、八方だしで煮含める。

7 器にタイとかぶらまんじゅうを重ねてのせ、にんじん、しめじ、いちょう型と木の葉型で抜いた黄パプリカと赤パプリカを飾る。

8 銀あんの材料を煮立て、水溶き葛粉を入れて薄くとろみをつけたら、全体にまわしかける。わさびを天盛りにする。

柿万頭

34ページ

《材料》

柿の飾り切り…1個

生湯葉…30g

椎茸…10g

吸い地八方だし(配合はだし10、酒1、薄口醤油1、塩少々)

生麩…1個

銀あん(配合はだし12、酒2、みりん1、薄口醤油1、塩少々、水溶き葛粉適宜)

菊花(ゆでたもの)…10g

《作り方》

1 柿はヘタを取って皮をむき、芯を取り除く。菊をイメージしながら包丁で飾り切りを施す。

2 芯を取り除いて生湯葉を射込み、蒸し器で蒸す。

3 椎茸は薄切りし、吸い地八方だしで煮て味を含ませる。

4 生麩は吸い地八方だしで煮て味を含ませる。

5 器に柿をのせて椎茸と生麩を上にのせる。

6 銀あんの材料を煮立て、菊花と水溶き葛粉を入れて薄くとろみをつけたら、全体にまわしかける。

和牛と野菜の炒め物

35ページ

《材料》

ちんげん菜…50g

玉ねぎ…50g

和牛リブロース肉…100g

大根、紅芯大根のあじさい…各2個

赤パプリカ、黄パプリカの星…各3個

冬瓜の木の葉…2個

【作り方】

1 ちんげん菜と玉ねぎはひと口大に切り分け、塩、こしょうをしてごま油でさっと炒める。

2 牛肉は1㎝厚さに切り分け、塩、こしょうをし、サラダ油を敷いたフライパンで両面に焼き色をつける。

3 冬瓜は5~6㎜厚さに切って木の葉型で抜き、パプリカはワタを取り除いて星型で抜き、大根と紅芯大根は5~6㎜厚さに切ってあじさい型で抜き、冬瓜と大根には包丁で模様を入れる。

4 器に3か所に分けて玉ねぎ、ちんげん菜、ひと口大に切った牛肉を盛りつける。ちんげん菜の上にパプリカの星をのせ、流れ星に見立てる。冬瓜、大根、紅芯大根、パプリカを飾って仕上げる。

酢の物・サラダ

夏のサラダ 1

36ページ

《材料》

●南瓜の八方煮

南瓜の流れ星…2個

南瓜のうちわ…2個

八方だし(配合はだし16、みりん1、薄口醤油0.8、塩少々)

きゅうりのカエル…2個

冬瓜の朝顔の葉…3個

赤パプリカ、黄パプリカの星…各2個

紅芯大根…適宜

ミニトマト…4個

赤玉ねぎ…適宜

レタス、ベビーリーフ…適宜

梅と大葉のドレッシング(配合は小粒

梅8個、大葉10枚に対し、米酢大さじ3、植物性油大さじ3、濃口醤油大さじ2、砂糖大さじ1）

《作り方》

1 南瓜はワタを取り除き、1cm程度の厚みに切って流星型、うちわ型で抜く。彩りがよくなるように適宜皮をむいて模様を包丁で入れ、下ゆでする。

2 少なめの八方だしを入れた鍋で蒸し煮し、火を止めて味を含ませる。

3 きゅうりは縦半分に切ってカエル型で抜き、包丁で模様を入れる。冬瓜は5～6㎜厚さに切って朝顔の葉型で抜き、包丁で葉脈を入れる。パプリカはワタを取り除き、星型で抜く。

4 紅芯大根はいちょう切りにし、さらに細く切る。ミニトマトは3㎜厚さの輪切りに、赤玉ねぎはスライスする。レタスはひと口大にちぎる。

5 すべての野菜を器に彩りよく盛り合わせ、ドレッシングをかける。

夏のサラダ 2

37ページ

《材料》

●南瓜の八方煮
南瓜の木の葉…2個
八方だし（配合はだし16、みりん1、薄口醤油0.8、塩少々）

●青ずいきのおひたし
青ずいき…1本
合わせだし（配合はだし13、薄口醤油1、みりん1）
車エビ…2尾
きゅうりのカエル…1個
にんじんのダリア…2個
大根…50g
赤パプリカ、黄パプリカ…20g
赤玉ねぎ…10g
紅芯大根…10g
ミニトマト…1個
ベリーリーフ、レタス…各適宜
紫芽…適宜
梅と大葉のドレッシング（配合は小粒梅8個、大葉10枚に対し、米酢大さじ3、植物性油大さじ3、濃口醤油大さじ2、砂糖大さじ1）

《作り方》

1 南瓜はワタを取り除き、1cm程度の厚みに切って木の葉型で抜く。皮を少し残してむき、包丁で葉脈をつけ、下ゆでする。

2 少なめの八方だしを入れた鍋で蒸し煮し、火を止めて味を含ませる。

3 青ずいきは皮をむき、酢を入れた熱湯で色よくゆでて氷水に落とし、さましてから合わせだしに浸して味を含ませ、2cm長さに切る。

4 車エビは頭と殻をはずして酒塩で煎り、縦半分に切る。

5 にんじんは皮をむいて5㎜厚さに輪切りにし、ダリア型で抜く。花びらの模様を彫る。

6 きゅうりは横半分に切ってカエル型で抜き、包丁で模様を入れる。

7 大根はせん切り、赤パプリカ、黄パプリカは細切り、赤玉ねぎはスライス、紅芯大根はいちょう切りにし、さらに細く切る。

8 ミニトマトは3㎜厚さの輪切りにし、ベビーリーフとレタスは食べやすい大きさにちぎる。

9 器に野菜とエビを彩りよく盛り、紫芽をちらす。ドレッシングをかける。

サラダスティック

38ページ

《材料》

にんじんの飾り切り…4本
山芋の飾り切り…4本
きゅうりの飾り切り…4本
アスパラガス…2本

●にんじんの八方煮
にんじんのもみじ…2個
八方だし（配合はだし16、みりん1、薄口醤油0.8、塩少々）
辛味噌（配合は赤玉味噌10、白玉味噌10、コチュジャン3、豆板醤1）
木の芽…適宜

《作り方》

1 にんじんは皮をむいて縦に4等分し、食彩細工を施す。霜降り程度にさっとゆでる。

2 山芋は1cm×2cm、長さ15cmほどの棒状に切り、食彩細工を施す。霜降り程度にさっとゆで、バーナーで炙って焦げ目をつける。

3 きゅうりは縦に4等分し、食彩細工を施す。色出し程度にさっとゆでる。

4 アスパラガスは袴を取り除き、縦半分に切ってさっとゆでる。

5 八方煮用のにんじんは皮をむいて1cm厚さに輪切りにし、もみじ型で抜く。牛乳、または米のとぎ汁で下ゆでして特有の臭みを抜き、八方だしで含め煮にする。

6 グラスにスティック野菜を彩りよく差して皿にのせる。小皿に辛味噌を入れ、にんじんの八方煮をのせる。木の芽を飾る。

なごり鱧の南蛮漬け

39ページ

《材料》

ハモ（おろし身）…60g
南蛮酢（配合はだし2、酢1、みりん0.3、薄口醤油0.3、塩少量）
玉ねぎ…10g
にんじん…5g
黄パプリカ…5g

●紫らっきょう、赤パプリカ、ブロッコリーの甘酢漬け
紫らっきょう…1個
赤パプリカの金魚…1個
ブロッコリー…少々
甘酢（配合は水2、酢1、砂糖1、塩0.1）

《作り方》

1 ハモはおろし身を用意し、ひと口大に切って片栗粉を薄くまぶし、中温の油で揚げる。

2 南蛮酢の材料を合わせて火にかけ、煮立ったら薄切りにした玉ねぎ、細切りのにんじん、粗みじん切りにした黄パプリカを加え、1のハモを入れて2時間ほど漬け込む。

3 紫らっきょうは根と茎を取り、塩でもんで水洗いする。湯通しし、甘酢に漬け込む。

4 赤パプリカは金魚型で抜き、甘酢に漬け込む。ブロッコリーはさっとゆで、甘酢に漬け込む。

5 器にハモをのせ、玉ねぎ、にんじん、黄パプリカを盛る。

6 半分に切った紫らっきょう、赤パプリ

カ、ブロッコリーの甘酢漬けを天盛りにする。

北寄貝とツブ貝の土佐酢ジュレがけ

39ページ

《材料》

ホッキ貝…1個
ツブ貝…1個
●土佐酢ジュレ
土佐酢(配合は酢2、だし3、みりん1、薄口醤油1、砂糖0.2、塩少量、かつお節適宜)
板ゼラチン(水でふやかしておく)…土佐酢500㎖に対して1枚
ラディッシュのバラ…1個
甘酢(配合は水2、酢1、砂糖1、塩0.1)
にんじん…5g
赤パプリカ、黄パプリカ…各10g
きゅうり…15g
紫蘇巻きらっきょう…1本

《作り方》

1 ホッキ貝は殻をはずし、足、貝柱、ひもを切り分ける。足は横に包丁を入れて2枚に開き、ウロを取り除く。ヒモは黒い線を取る。よく水洗いし、そぎ切りにする。
2 ツブ貝は殻をはずし、肝を取り除く。縦半分に切って唾液腺を取る。塩もみしてぬめりを取り除き、そぎ切りにする。
3 土佐酢の材料を混ぜ合わせ、水で戻して溶かしたゼラチンを加えて冷蔵庫で冷やし固める。
4 ラディッシュはバラの形に食彩細工を施し、さっと塩ゆでして甘酢に漬け込む。
5 にんじんは皮をむき、2㎜厚さに1枚切ってもみじ型で抜く。残りはせん切りにする。パプリカは細切りにし、それぞれ甘酢に漬け込む。
6 きゅうりは小口に切り、立て塩に10分ほど漬ける。
7 器にホッキ貝とツブ貝を盛りつけ、土佐酢ジュレをかける。
8 紫蘇巻きらっきょうは紫蘇をはずし、縦半分に切って器に盛りつける。ラディッシュ、きゅうり、にんじん、パプリカを盛りつけ、いちょうにんじんを天盛りにする。

野菜の和風サラダ仕立て

40ページ

《材料》

アスパラガス…3本
吸い地八方だし(配合はだし10、酒1、薄口醤油1、塩少々)
にんじんの花…5個
八方だし(配合はだし16、みりん1、薄口醤油0.8、塩少々)
大根の桂むき…1枚
赤パプリカのもみじ…1個
黄パプリカのいちょう…1個
甘酢(配合は水2、酢1、砂糖1、塩0.1)
辛味噌(配合は赤玉味噌10、白玉味噌10、コチュジャン3、豆板醤1)
ブロッコリー…適宜

《作り方》

1 アスパラガスは袴を取り、吸い地八方だしで煮含める。
2 にんじんは皮をむいて花形に食彩細工を施し、牛乳、または米のとぎ汁で下ゆでして特有の臭みを抜き、八方だしで含め煮にする。
3 大根は桂むきにし、赤パプリカと黄パプリカはもみじ型といちょう型で抜いたものと、細切りにしたものを用意する。それぞれ甘酢に漬け込む。
4 ブロッコリーは小房に分け、さっと塩ゆでにする。
5 アスパラガスの穂先側を大根の甘酢漬けで巻き、木の芽を敷いた皿にのせる。
6 アスパラガスの根元を隠すようににんじんの花を盛りつけ、細切りにしたパプリカを大根の上に飾る。
7 小皿に辛味噌を盛り、赤パプリカのもみじ、黄パプリカのいちょう、ブロッコリーをのせる。

デザート

フルーツのスイカ盛り

41ページ

《材料》

スイカの器…1個
●さつまいものシロップ煮
さつまいものバラ…3個
シロップ(配合は水1、砂糖1)
いちご…6個
キウイフルーツ…2個
ぶどう(巨峰)…5粒
ミニトマト(赤、黄)…各3個
シロップ(配合は水1、砂糖1)
炭酸水…適宜
ミント…適宜

《作り方》

1 スイカは上部を1/3のところで切り分け、果肉をくり抜き、表面に食彩細工を施す。果肉は丸くくり抜いて形を整える。
2 さつまいもは皮をむいてバラ形に食彩細工を施し、下ゆでしてからシロップで煮て味を含ませる。
3 いちごはヘタを取って半分に切り、キウイは六方にむいてくし切りにし、横半分に切る。
4 ぶどうは皮をむき、ミニトマトは湯むきする。
5 スイカの器にいちご、キウイ、ぶどう、ミニトマト、スイカの果肉を彩りよく詰め合わせ、シロップと炭酸水を1：1で混ぜ合わせた炭酸シロップを注ぐ。ミントをあしらう。
6 皿にのせてスイカのフタを立てかけ、さつまいものシロップ煮を添える。

フルーツ盛り合わせ

42ページ

《材料》

りんごの網かご…1個
オレンジの飾り切り…3個
ぶどう(ピオーネ)…2個
いちじく…1個
キウイ…1/2個
いちご…3個
ずんだ羊羹…3個

《作り方》

1 りんごは下部を切り分けて台にする。上部は中をくり抜いて網かごの形に食彩細工を施す。
2 オレンジはくし切りにし、皮と果肉の間に切れ込みを入れて皮を飾り切りにする。
3 ぶどうは皮つきのまま切り口が山形になるように飾り切りにする。
4 いちじくは六方にむき、くし切りにする。
5 キウイは5㎜厚さに輪切りにする。
6 市販のずんだ羊羹をひと口大に切り分け、りんごの台の上に盛りつけて皿にのせる。りんごの器を上にかぶせる。
7 りんごの手前にオレンジ、ぶどう、キウイ、いちじく、いちごを彩りよく盛りつける。

バナナのカスタードクリーム添え

43ページ

《材料》
カスタードクリーム（配合は卵黄5個、砂糖100g、牛乳100g、薄力粉5g）
●さつまいも、赤パプリカのシロップ煮
さつまいものいちょう…1個
赤パプリカのもみじ…1個
シロップ（水2に対して砂糖1の割合で合わせたもの）
クチナシの実…適宜
●ミニトマトの黄身揚げ
ミニトマト…1個
黄身衣（配合は卵黄2個に対し、水200㎖、全卵10g、薄力粉50g）
バナナ…1本
生クリーム、ミントの葉…各適宜

《作り方》
1 小鍋に牛乳と砂糖半量を入れて沸騰させる。残りの砂糖と卵黄をボウルでよくすり混ぜ、ふるった薄力粉を加えてよく混ぜる。
2 牛乳をボウルに半量注いで混ぜ合わせる。鍋に戻し、全体をよく混ぜ合わせる。強火で炊いてカスタードクリームを作り、冷やしておく。
3 さつまいもは7㎜厚さに切っていちょう型で抜き、下ゆでする。クチナシの実と一緒にシロップで煮て色と味を含ませる。
4 赤パプリカはもみじ型で抜き、シロップで煮て味を含ませる。
5 ミニトマトは湯むきして打ち粉をし、黄身衣にくぐらせる。中温の油で揚げる。
6 バナナは皮をむいて3等分し、縦半分に切る。2～3分蒸し上げる。
7 器にバナナを盛りつけてカスタードクリームをのせ、バーナーで焦げ目をつける。
8 ミニトマトの黄身揚げをのせ、8分立てにした生クリームを少量上に絞り、さつまいもとパプリカのシロップ煮、ミントの葉を飾る。

秋の果物 柿のコンポート盛り

44ページ

《材料》
●渋皮栗、さつまいも、銀杏のシロップ煮
栗…1個
さつまいものいちょう…2個
銀杏…1粒
シロップ（水2に対して砂糖1の割合で合わせたもの）
クチナシの実…適宜
柿の釜…1個
ぶどう（巨峰）…1粒
生クリーム…適宜
ミントの葉、粉糖…各適宜

《作り方》
1 栗は熱湯に浸けてふやかし、鬼皮をむく。炭酸水でゆでて薄皮と細かな筋を取り除き、さらに3度ゆでこぼしてアクを抜く。
2 シロップでじっくり煮込み、ひと晩おいて味をなじませる。
3 さつまいもは皮つきのまま7㎜厚さに切っていちょう型で抜いたもの、皮をむいて5㎜厚さに切ってからいちょう型で抜いたものを1個ずつ用意する。どちらも下ゆでし、クチナシの実と一緒にシロップで煮て色と味を含ませる。
4 銀杏は殻と渋皮をむき、シロップで煮て味を含ませる。
5 柿は上部1/3を切り落とし、皮をむいて種を取り除く。器になるように果肉を少しくり抜き、切り口が山形になるように食彩細工を施す。
6 8分立てにした生クリームを柿の器の中にたっぷり絞り、渋皮栗、さつまいも、銀杏、ぶどうを盛りつける。
7 ミントの葉を飾り、粉糖を茶漉しなどで上から軽くふりかける。

デザート賽の目盛り

45ページ

《材料》
●シロップジュレ
水…360㎖
グラニュー糖…100g
レモン汁…大さじ1
アガー…15g
柿のサイコロ…8個
りんごのサイコロ…8個
いちごのサイコロ…8個
キウイフルーツ…1/2個
ミントの葉…適宜

《作り方》
1 水と砂糖を沸騰させたらレモン汁とアガーを加え、流し缶に流して冷やし固める。
2 柿、りんごは皮をむき、1㎝角の立方体に切る。いちごはヘタを取って1㎝角の立方体に切る。
3 キウイは皮をむき、2㎝厚さのいちょう切りにする。
4 柿、りんご、いちごを順番に縦横4個ずつ、2段重ねに敷き詰め、上からシロップジュレをたっぷりかける。
5 キウイを真ん中にのせ、ミントの葉を天盛りにする。

飾り切りを器として活用する

あんかけ冷やし鉢

46ページ

《材料》
冬瓜…1個
白八方だし（配合はだし8、酒5、淡口醤油5、みりん5、葛粉0.75）
●南瓜の八方煮
南瓜のうちわ…2個

八方だし（配合はだし8、薄口醤油1、みりん1、塩少々）

●れんこんの八方煮
花れんこん…6枚
薄口八方だし（配合はだし10、酒1、みりん0.25、薄口醤油0.5、塩少々）

●里芋の八方煮
里芋…5個
白八方だし（配合はだし8、酒0.2、みりん0.8、塩少々）

●にんじんの八方煮
にんじんのとうもろこし…3個
にんじんのアユ…1個
八方だし（配合はだし16、みりん1、薄口醤油0.8、塩少々）

●さつまいもの八方煮
さつまいもの朝顔…3個
八方だし（配合はだし10、みりん1、薄口醤油1、塩少々）
いんげん…4本
舞茸…適宜

●車エビの芝煮
車エビ…3尾
酒八方だし（配合はだし4、酒4、みりん1、塩少々、薄口醤油少々）
ミニトマト…3個
銀あん（配合はだし12、酒2、みりん1、薄口醤油1、塩少々、水溶き葛粉適量）

《作り方》

1 冬瓜は1／3のところで切り分け、中をくり抜いて器にする。ふた側には穴を2つ開け、ひもを通して取っ手にする。

2 冬瓜の中身は1cm程度の厚みに切ってツタの葉型で抜き、包丁で葉脈を入れ、白八方だしで煮含める。

3 南瓜は皮をむき、1cm程度の厚みに切ってうちわ型で抜く。下ゆでし、少なめの八方だしを入れた鍋で蒸し煮し、火を止めて味を含ませる。

4 れんこんは皮をむいて5〜6mm厚さに輪切りし、花れんこんの形に飾り切りにする。米のとぎ汁で下ゆでしてから、薄口八方だしで煮含める。

5 里芋は上下を切り落として六方に皮をむき、米のとぎ汁で下ゆでしてから水にさらし、白八方だしで煮含める。

6 にんじんは皮をむき、とうもろこし形とあゆ形に食彩細工を施す。牛乳、または米のとぎ汁で下ゆでしてから、八方だしで煮含める。

7 さつまいもは1.5〜2cm程度の厚さに切り、朝顔型で抜いて、包丁で花びらの切り込みを入れる。八方だしで煮含める。

8 いんげんはすじを取り除き、塩ゆでする。舞茸もさっと塩ゆでする。

9 車エビは背ワタを取り、塩を少々加えた熱湯で霜降りして殻をむく。酒八方だしに入れ、ひと煮立ちしたら火を止め、味を含ませる。

10 ミニトマトは湯むきし、バーナーであぶって軽く焦げ目をつける。

11 薄切りにした大根とにんじんをあじさい形で抜き、冬瓜の器とふたにあじさいの葉と一緒に張りつける。花の中央に小さく切った黄パプリカを張りつける。

12 冬瓜の器に南瓜、れんこん、里芋、にんじん、さつまいも、冬瓜、エビ、いんげん、舞茸、ミニトマトを盛り合わせる。アユ形のにんじんを中央にのせる。

13 銀あんの材料を煮立て、水溶き葛粉を入れて薄くとろみをつけたら、全体にまわしかける。粗熱が取れたら冷蔵庫で冷やす。

タコの酢の物

48ページ

《材料》

●タコの酢の物
タコ足…1本
合わせ酢（配合は酢6、砂糖2、薄口醤油1、みりん1、追いがつお適宜）

●青ずいきのおひたし
青ずいき…1本
合わせだし（配合はだし13、薄口醤油1、みりん1）

●茗荷の甘酢漬け
茗荷…1本
甘酢（配合は水2、酢1、砂糖1、塩0.1）
ズッキーニの舟形器…1個
にんじんの金魚…適宜
ミニトマト…1個
マンゴーゼリー、レモン、かいわれ大根…各適宜

《作り方》

1 タコ足はゆでて塩水で洗い、ひと口大の乱切りにし、合わせ酢に漬ける。

2 青ずいきは皮をむき、酢を入れた熱湯で色よくゆでて氷水に落とす。水気を拭き取り、合わせだしに浸して味を含ませたら、2cm長さに切る。

3 茗荷は熱湯でゆで、ざるにあげてそのまま塩をふってさます。これを甘酢に入れ、赤く色づくまで漬ける。

4 ズッキーニは楕円形に切り込みを入れて中をくり抜き、切り口に食彩細工を施す。

5 にんじんは皮をむいて1cm程度の厚さに切り、金魚型で抜いて目やヒレの模様を彫る。

6 ズッキーニの舟形器の底に市販のマンゴーゼリーを盛り、タコ、半分に切ったミニトマト、青ずいきを盛りつける。

7 細く切った茗荷、いちょう切りにしたレモンを刺し、にんじんを飾る。かいわれ大根を添える。

なす田楽

49ページ

《材料》

●なす田楽
なすの器…1個
赤玉味噌（配合は赤味噌２５０ｇに対し、卵黄5個分、みりん50mℓ、酒50mℓ、砂糖75ｇ）

●アスパラガスのおひたし
アスパラガス…1本
八方だし（配合はだし10、薄口醤油1、みりん1、酒1）

●ローストビーフ
和牛もも肉…５００ｇ
オリーブ…少々
タイム…2本

●にんじんの八方煮
にんじんのねじ梅…1個
八方だし（配合はだし16、みりん1、薄口醤油0.8、塩少々）
トマト…1個
ラディッシュ…適宜
イタリアンパセリ…適宜

《作り方》

●なす田楽

1 赤玉味噌の材料を鍋で混ぜ合わせ、弱火にかける。

2 焦がさないように注意しながら木杓子でていねいに練る。つやが出て、木杓子にくっつく程度になったら火か

らおろして漉す。
３　なすは器になるように中身をくり抜いて表面に飾りを彫り、赤玉味噌を詰める。１８０℃くらいの油で素揚げする。

●アスパラガスのおひたし
１　アスパラガスは根元の皮をむき、袴をはずし、ひと口大に切り、さっとゆでる。
２　冷水に取ってさまし、八方だしに浸して味を含ませる。

●ローストビーフ
１　スチームコンベクションをコンビモードの３００度に設定し、塩、こしょうをしたかたまり肉を７～８分入れて焼き目をつける。
２　オリーブ、タイムと一緒に真空パックにかけ、スチームコンベクションをスチームモードの65度に設定して60分入れる。
３　冷蔵庫で冷やす。

●にんじんの八方煮
１　にんじんは皮をむき、５～６㎜厚さに切って梅型で抜き、包丁で模様を入れる。
２　牛乳、または米のとぎ汁で下ゆでして特有の臭みを抜き、八方だしで含め煮にする。

盛りつけ
１　５～６㎜厚さにスライスしたローストビーフを皿に並べる。なす田楽をのせ、上にローストビーフ、アスパラガスのおひたし、花形にんじんの八方煮、トマトを盛り合わせる。
２　ラディッシュのスライス、イタリアンパセリを飾る。

トマトと葡萄の黄身揚げ

49ページ

《材料》
じゃがいものかご…１個
ぶどう（ピオーネ）…３個
ミニトマト…１個
赤パプリカ…適宜
黄身衣（配合は卵黄２個に対し、水２００㎖、全卵10ｇ、薄力粉50ｇ）

《作り方》
１　じゃがいもは皮をむいて半分に切り、１㎝厚さほどになるように中をくり抜いて食彩細工を施す。中温の油で素揚げにする。
２　ぶどうは皮をむき、ミニトマトは湯むきする。それぞれ打ち粉をして黄身衣にくぐらせ、中温の油で揚げる。
３　１㎝厚さに切った赤パプリカの台座にじゃがいもをのせ、中にぶどうとトマトを盛りつける。

南瓜のあんかけ

50ページ

《材料》
●南瓜の八方煮
南瓜の菓子入れ…１個
八方だし（配合はだし16、みりん１、薄口醤油0.8、塩少々）
●さつまいもの八方煮
さつまいもの朝顔…２個
八方だし（配合はだし10、みりん１、薄口醤油１、塩少々）
ズッキーニの木の葉…１個
●冬瓜の八方煮
冬瓜の朝顔の葉…２個
白八方だし（配合はだし10、酒１、みりん１、塩少々）
なす…１個
車エビ…２尾
若鶏の八幡巻き（１４９ページを参照）…１㎝厚さ２個
銀あん（配合はだし12、酒２、みりん１、薄口醤油１、塩少々、水溶き葛粉適量）

《作り方》
１　南瓜は上部１／４のところで切って中をくり抜き、食彩細工を施して器にする。
２　下ゆでし、少なめの八方だしを入れた鍋で蒸し煮し、火を止めて味を含ませる。
３　さつまいもは1.5～２㎝程度の厚さに切り、朝顔型で抜いて、包丁で花びらの切り込みを入れる。八方だしで煮含める。
４　ズッキーニは縦半分に切って木の葉型で抜き、葉脈を細工用の彫刻刀で入れる。中温くらいの油で素揚げする。
５　冬瓜は１㎝程度の厚さに切って朝顔の葉型で抜き、白八方だしで煮含める。
６　なすは皮をむいて中温くらいの油で素揚げし、ひと口大に切り分ける。
７　車エビは頭と殻をはずし、酒塩で煎る。
８　南瓜の器に若鶏の八幡巻き、エビ、さつまいも、なす、ズッキーニ、冬瓜を盛り合わせる。
９　銀あんの材料を煮立て、水溶き葛粉を入れて薄くとろみをつけたら、全体にまわしかける。

鎖大根の海老しんじょ

52ページ

《材料》
大根の鎖…１本
●エビのしんじょ
車エビ…約30ｇのもの10尾
山芋のすりおろし…30ｇ
道明寺粉…50ｇ
薄口八方だし（配合はだし10、薄口醤油１、みりん１）

《作り方》
１　大根は皮をむき、鎖形になるように食彩細工を施す。
２　車エビを当たり鉢ですりつぶし、山芋のすりおろし、道明寺粉、薄口八方だしを混ぜ合わせる。
３　大根の鎖の空洞にしんじょを詰め、薄口八方だしで煮て味を含ませる。

にぎりずしの清白盛り

53ページ

《材料》
大根の器…１本
すし酢（配合は酢10、砂糖７、塩２）
ご飯…２００ｇ
車エビ…１尾
サーモン（サク取りしたもの）…15ｇ
カンパチ（サク取りしたもの）…15ｇ
マグロ赤身（サク取りしたもの）…15ｇ
ケンサキイカ…15ｇ
カニ足身（ゆでたもの）…２本
のり…適宜
ヒラメ（おろし身）…15ｇ
●甘酢漬け茗荷

茗荷…1本
甘酢(配合は水2、酢1、砂糖1、塩0.1)
木の芽…適宜

《作り方》

1 大根は楕円形にくり抜いて器にし、切り口に食彩細工を施す。
2 すし酢の材料を合わせて煮立て、さましてから炊いたご飯と合わせてすし飯を作る。
3 車エビは尾を残して殻をむき、背ワタを取ってさっと塩ゆでし、腹を開く。
4 サーモン、カンパチ、マグロ、イカそれぞれ寿司ネタ用にサク取りして切り分け、握り寿司にする。
5 カニ身は2本で握り寿司にし、細切りののりを巻く。
6 茗荷は熱湯でゆで、ざるにあげてそのまま塩をふって冷ます。これを甘酢に入れ、赤く色づくまで漬ける。
7 皿に大根の器をのせ、エビ、サーモン、カンパチ、カニの寿司を並べる。
8 大根の下にヒラメ、マグロ、イカの寿司を並べ、茗荷の甘酢漬けを添える。サーモンとヒラメに木の芽を飾る。

フルーツポンチ

53ページ

《材料》

ハネデュメロンのバスケット…1個

●メロンジュレ
メロン果汁…100㎖
砂糖…10g
板ゼラチン(水でふやかしておく)…1枚

●カスタードとキウイフルーツの市松菓子
カスタードクリーム(配合は卵黄5個、砂糖100g、牛乳100g、薄力粉5g)
板ゼラチン(水でふやかしておく)…右記の分量に対して1枚
キウイフルーツ…適宜
錦糸卵…適宜
スイカ…30g
いちご…5個
さくらんぼ…5個
チャービル…適宜

《作り方》

1 メロンの上部に花の食彩細工を施し、花のまわりを円形に切り取ってくり抜き器で中身を抜いて、器にする。果肉は後から使用する。
2 メロン果汁に砂糖を入れて火にかけ、砂糖が溶けたらゼラチンを加えて溶かす。流し缶に流し、冷蔵庫で冷やし固める。
3 カスタードとキウイの市松菓子を作る。小鍋に牛乳と砂糖半量を入れて沸騰させる。残りの砂糖と卵黄をボウルでよくすり混ぜ、ふるった薄力粉を加えてよく混ぜる。
4 牛乳をボウルに半量注いで混ぜ合わせる。鍋に戻し、全体をよく混ぜ合わせる。強火で炊いてカスタードクリームを作り、溶かしたゼラチンを加えて流し缶などに流し、冷やし固める。
5 キウイフルーツは皮をむいて拍子切りにし、同じ形に切り分けたカスタードクリームと市松模様になるように組み合わせ、錦糸卵で巻く。
6 メロンの器に1/4に切ったいちご、ひと口大に切ったスイカとメロン、1/4に切ったいちご、さくらんぼ、1cm厚さに切り分けた市松菓子、メロンジュレを盛り合わせ、チャービルを飾る。

飾り切りを行事に活かす

正月の祝い膳

54ページ

《材料》

●海老の芋鮨
山芋…20g
すし酢(配合は酢10、砂糖7、塩2)
車エビ…1尾
煮汁(配合はだし4、酒2、薄口醤油0.6、濃口醤油0.4)

●ヒラメの龍皮昆布巻き(1本分)
ヒラメ(おろし身)…80g
錦糸卵…1枚
針生姜の甘酢漬け…10g
(甘酢の配合は水2、酢1、砂糖1、塩0.1)
龍皮昆布…1枚

●にんじんの八方煮
結びにんじん、にんじんの羽子板…各1枚
にんじんの扇…2枚
八方だし(配合はだし16、みりん1、薄口醤油0.8、塩少々)

●酢どり大根
大根の扇…2枚
甘酢(配合は水2、酢1、砂糖1、塩0.1)

●菜の花のおひたし
つぼみ菜…適宜
八方だし(配合はだし6、薄口醤油10、みりん1)

●紅白芋鮨
山芋…20g
すし酢(配合は酢10、砂糖7、塩2)

●子持ちワカメのわさび漬け
子持ちワカメ(戻したもの)…1個
葉わさび…適宜
漬け汁(配合はだし8、薄口醤油1、みりん0.5)

●くわいの甘煮
くわい…1個
煮汁(配合はだし10、みりん1、砂糖1.5、濃口醤油0.2、塩少々)

●生麩の含め煮
生麩の梅…1個
白八方だし(配合はだし2、みりん1、酒0.5、塩少々)

●松葉黒豆
黒豆…3粒
シロップ(水2に対して砂糖1の割合で合わせたもの)

●たけのこの八方煮
たけのこの亀…1個
米ぬか、赤唐辛子…適宜
八方だし(配合はだし12、酒1、みりん0.5、薄口醤油0.5、塩少々)
黒ごま…2粒

《作り方》

●海老の芋鮨
1 山芋を蒸して裏漉し、すし酢を混ぜ合わせて調味し、クチナシ色素で色づける。
2 車エビは背ワタを取り、塩を少々入れた熱湯で霜降りする。頭、尾、殻をはずす。
3 煮汁を煮立たせた中でさっと煮て引き上げ、さめた煮汁に戻して味を含ませる。

4 山芋をひと口大に丸く成形し、スライスした車エビをのせて握り、形を整える。

●ヒラメの龍皮昆布巻き

1 ヒラメの上身を薄くそぎ切りにし、白板昆布に挟んで昆布締めにしておく。

2 針生姜は甘酢に漬け込み、味を含ませる。

3 龍皮昆布の上に身を並べ、錦糸卵と針生姜の甘酢漬けを芯にして端からくるくると巻く。

4 しばらくおいてなじんだら、1cm厚さに切り分ける。

●にんじんの八方煮

1 にんじんは皮をむき、5～6mm厚さの結びにんじん、羽子板、扇形に食彩細工を施す。羽子板と扇は型で抜いてから包丁で模様を入れる。

2 牛乳、または米のとぎ汁で下ゆでして特有の臭みを抜き、八方だしで含め煮にする。

●酢どり大根

1 大根は皮をむき、5～6mm厚さに輪切りして扇型で抜き、包丁で模様を入れる。

2 歯応えが残る程度にゆで、粗熱を取ったら甘酢に漬け込み、味を含ませる。

●菜の花のおひたし

1 つぼみ菜は穂先を使用する。長さを切り揃え、さっとゆでる。

2 冷水に取ってさまし、水気を絞り、八方だしに浸して味を含ませる。

●紅白芋鮨

1 山芋を蒸して裏漉し、すし酢を混ぜ合わせて調味する。半量は食紅で色づける。2色の山芋を合わせて丸く成形する。

●子持ちワカメのわさび漬け

1 塩抜きした子持ちワカメをスライスする。葉わさびは適当な大きさに切り、密閉容器に入れて熱湯を注ぎ、しばらくおく。

2 漬け汁用のだしと調味料を合わせて一度煮立たせてさまし、子持ちワカメと葉わさびを漬け込む。

●くわいの甘煮

1 くわいを下ゆでしてアクを抜き、煮汁でゆっくり含め煮にする。

●生麩の含め煮

1 梅花形の細工麩を白八方だしでさっと煮る。

●松葉黒豆

1 黒豆をたっぷりの水でやわらかくゆでる。

2 水を切ってシロップで色艶よく煮含め、松葉に刺す。

●たけのこの八方煮

1 たけのこは縦に切り込みを入れ、米ぬか、赤唐辛子と一緒にゆで、そのまま湯止めにしてアク抜きする。

2 皮をむき、亀の形に食彩細工を施す。

3 八方だしでゆっくり含め煮にする。

4 水気を拭き取り、バーナーで甲羅を炙って模様をつける。黒ごまを張りつけ、目を作る。

盛りつけ

1 膳に太鼓橋形の器をのせ、左には海老の芋鮨、ヒラメの龍皮昆布巻き、結びにんじんの八方煮を盛りつけ、中央には紅白芋鮨、にんじんと大根の扇、菜の花のおひたし、楊枝を刺した子持ちワカメのわさび漬けを盛りつけ、右には生麩の含め煮、くわいの甘煮、松葉黒豆をそれぞれ盛りつける。

2 膳の手前に、たけのこの八方煮をのせ、にんじんと大根の扇、にんじんの羽子板を添える。

節分の酢の物

55ページ

《材料》

紅芯大根の鬼面…1個
大根の升…2個

●のどぐろの砧巻き
のどぐろ(おろし身)…15g
白板昆布…適宜
大根…80g
にんじん…15g
かいわれ大根…適宜

●土佐酢ジュレ
土佐酢(配合はだし15、酢3、みりん1.5、薄口醤油1.5、砂糖1、塩少々、追いがつお適宜)
板ゼラチン(水でふやかしておく)…土佐酢500mℓに対して1枚

●黄身酢ゼリー
黄身酢(配合は酢15mℓに対し、卵黄5個分、砂糖大さじ1、薄口醤油5mℓ)
だし…黄身酢50mℓに対して100mℓ
板ゼラチン(水でふやかしておく)…黄身酢50mℓに対して1枚

●青ずいきのおひたし
青ずいき…1本
合わせだし(配合はだし13、薄口醤油1、みりん1)

●黒豆の蜜煮
黒豆…5粒
シロップ(水2に対して砂糖1の割合で合わせたもの)

●黄トマトの蜜煮
黄トマト…1個
シロップ(水2に対して砂糖1の割合で合わせたもの)

●茗荷の甘酢漬け
茗荷…1本
甘酢(配合は水2、酢1、砂糖1、塩0.1)

車エビ…1尾
タコ足…20g
タイ(おろし身)…15g
チャービル…適宜

《作り方》

●紅芯大根の鬼面と大根の升

1 紅芯大根は半分に切り、片方はくり抜いて器にする。もう片方は鬼面形に食彩細工を施す。

2 大根は四角く切り、升形になるよう中をくり抜いて器にする。

●のどぐろの砧巻き

1 のどぐろはごく薄くそぎ切りにし、白板昆布で挟み、30分ほど昆布締めにする。

2 大根は6～7cm幅の桂むきにし、20cm長さ程度に切り揃える。にんじんも桂むきにし、大根の幅に合わせて切り揃える。それぞれ塩に浸してしんなりさせる。

3 大根の上ににんじんを重ね、昆布締め

にしたのどぐろを手前に並べる。芯にかいわれ大根をのせ、手前から巻き込んで形を整え、2㎝厚さに切る。

●土佐酢ジュレと黄身酢ゼリー

1 土佐酢に溶かしたゼラチンを加えて混ぜ合わせ、バットなどに流して冷蔵庫で固める。

2 黄身酢50㎖に対し、だし100㎖を加えてのばし、溶かしたゼラチンを加えて混ぜ合わせ、バットなどに流して冷蔵庫で固める。

●付け合わせ

1 青ずいきは皮をむき、酢を入れた熱湯で色よくゆでて氷水に落とし、さましてから合わせだしに浸して味を含ませたら、2㎝長さに切る。

2 黒豆はたっぷりの水で柔らかくゆで、シロップでじっくり煮含める。

3 黄トマトは湯むきし、一度沸騰させたシロップに浸けてひと晩おく。

4 茗荷は熱湯でゆで、ざるにあげてそのまま塩をふって冷ます。これを甘酢に入れ、赤く色づくまで漬ける。

仕上げ

1 車エビは頭と殻をはずし、酒塩で煎る。

2 タコは塩ゆでし、ひと口大に切り分ける。

3 タイは皮目に縦に数本筋目を入れ、皮目を上にして立て板におき、熱湯を回しかけてすぐに氷水で締め、引き造りにする。

4 紅芯大根にのどぐろの砧巻きを盛りつけ、土佐酢ジュレを上からかける。1.5㎝角に切った黄身酢ゼリーをのせ、チャービルを天盛りにする。皿にのせ、紅芯大根の鬼面を飾る。

5 大根の升のひとつに、エビ、タイ、青ずいきを詰め、茗荷の甘酢漬けを刺す。黄トマトの蜜煮をのせ、チャービルを天盛りにする。

6 もうひとつの大根の升には黒豆を盛り、タコをのせる。2種の升大根を器に盛る。

ひな祭のちらしずし

56ページ

《材料》

大根のお内裏様…1個
にんじんのお雛様…1個
ご飯…150g
すし酢(配合は酢10、砂糖7、塩2)
車エビ…1尾
ブロッコリー…10g
椎茸…1個
サーモン(おろし身)…15g
タイ(おろし身)…15g
貝柱…1個

●甘酢漬け茗荷

茗荷…1本
甘酢(配合は水2、酢1、砂糖1、塩0.1)
錦糸卵…1枚
木の芽、にんじん、柿、ミントの葉…各適宜

《作り方》

1 大根とにんじんはそれぞれ皮をむき、雛人形の形に食彩細工を施す。お内裏様と檜扇は大根、お雛様と杓はにんじんで作る。

2 すし酢の材料を合わせて煮立て、さましてから炊いたご飯と合わせてすし飯を作る。

3 車エビは頭をはずして殻をむき、背ワタを取ってさっと塩ゆでする。

4 ブロッコリーは小房に分けてさっと塩ゆでし、椎茸は軸を取り除いて4等分し、さっと塩ゆでする。

5 サーモンとタイはそぎ造りにし、貝柱はバーナーで表面を炙る。

6 茗荷は熱湯でゆで、ざるにあげて塩をふって冷ます。甘酢に入れ、赤く色づくまで漬ける。

7 皿の中央にすし飯の半量をひし形に成形してのせ、錦糸卵の半量をのせる。残りのすし飯と錦糸卵を上から重ねて形を整える。

8 錦糸卵の上にサーモン、タイ、貝柱、椎茸、ブロッコリー、甘酢漬け茗荷を盛り合わせ、木の芽を飾る。

9 台座に雛人形をのせて皿にのせる。

10 にんじんは皮をむいて7㎜厚さに輪切りにし、桜型で抜く。柿は皮をむいて直径1㎝の球形に整え、ミントの葉をのせる。すし飯の左右ににんじんの桜と柿の橘を飾って仕上げる。

五月の造り盛り合わせ

57ページ

《材料》

ズッキーニのかぶと…1個
にんじん、サラダにんじんのこいのぼり…各1個
きゅうりのカエル…1個
きゅうりの朝顔の葉…2個
網大根…1枚
カンパチ(サク取りしたもの)…30g
マグロ(サク取りしたもの)…30g
コチ(おろし身)…40g
ハモ(おろし身)…40g
サザエ…2個
うに…30g
大葉…1枚
きゅうり、かぼす、紅芯大根…各適宜

《作り方》

1 ズッキーニは中をくり抜き、かぶと形に食彩細工を施す。にんじん、サラダにんじんはそれぞれ皮をむき、こいのぼり形に食彩細工を施す。

2 きゅうりは横半分に切り、朝顔の葉型とカエル型で抜き、包丁で葉脈などの飾りを入れる。

3 大根は桂むきにし、塩水に浸してしんなりしたら4〜5㎝幅に折りたたみ、左右から交互に切り込みを入れて網大根にする。

4 カンパチは引き造り、マグロは角造りにする。

5 コチはおろし身にし、皮面に熱湯をかけて氷水に取ってさまし、霜造りにする。水気を取り、そぎ造りにする。

6 ハモをおろし、皮一枚を残して骨切りし、3㎝幅くらいに切り、熱湯に落として身が開いてきたら氷水に取り、水気を取る。

7 サザエは殻からワタごと身を取り出し、フタをはずして、エンガワとクチバシを切り取る。塩でもんで水洗いし、水気を取る。おろし身の砂袋を開き、内臓をしごき取り、そぎ造りにする。

8 殻は盛りつけ用にきれいに洗い、薄切りにしたきゅうりをおいてサザエの身を盛りつける。

9 氷を盛った器の奥にズッキーニのか

ぶとをのせ、中にハモ落としを盛りつける。

10 小皿にコチをのせ、くし切りにしたかぼすを添える。箱うに、さざえ、コチの小皿を9に盛りつけ、大葉を敷いてカンパチ、マグロをのせる。

11 網大根を束ねて竹串に刺し、全体にかかるようにかぶせ、さつまいもとにんじんのこいのぼりを盛りつける。

12 朝顔の葉形、カエル形のきゅうり、スライスした紅芯大根、よりきゅうりを飾って仕上げる。

クリスマスの焼き物

58ページ

《材料》

●若鶏の八幡巻き(作りやすい分量)

鶏もも肉…1枚
ごぼう…20g
にんじん…20g
煮汁(配合はだし12、酒1、みりん1、濃口醤油0.5、砂糖少々)
冬瓜のクリスマスツリー…1個
赤、黄色、オレンジパプリカの器…各1個
車エビ…1尾
なす…20g
いんげん…1本

●青ずいきのおひたし

青ずいき…1本
合わせだし(配合はだし13、薄口醤油1、みりん1)
和牛ロース肉…30g
赤玉ねぎ…10g
サラダ菜…3枚
紅芯大根、かいわれ大根、クコの実…各適宜

《作り方》

●若鶏の八幡巻き

1 ごぼうとにんじんは鶏肉の長さに合わせて5㎜角程度に切り、それぞれ下ゆでする。

2 鶏肉は余分な皮と脂を取り除き、観音開きに薄く広げ、塩と小麦粉を薄くふる。ごぼうとにんじんを市松模様になるように重ねてのせ、棒状に巻き、たこ糸で縛る。

3 油を引いたフライパンで全体に焼き色をつけ、フライパンに出た余分な脂を拭き取る。

4 煮汁の材料を加え、15分ほど弱火で煮る。

5 煮汁に浸したままさまし、味を含ませる。水分を取り除き、1cm程度に輪切りにする。

●冬瓜のクリスマスツリーとパプリカの器

1 冬瓜はおしりの方から包丁を入れ、中にLEDライトが入るように中身をくり抜く。表面にツリー形の食彩細工を施す。

2 パプリカはワタを取り除き、それぞれチューリップ形に食彩細工を施す。切り取った部分は星型や丸型で抜き、冬瓜のクリスマスツリーの飾りに使う。

3 冬瓜に描いたツリー形のところどころに丸型で穴を開け、そこに同じサイズに抜いた赤パプリカや黄パプリカを詰める。星型で抜いた黄パプリカを楊枝に刺し、冬瓜の頂点に刺す。

仕上げ

1 車エビは殻をはずし、頭をつけたまま酒塩で煎る。

2 なすは1cm程度に輪切りし、中温の油で素揚げする。

3 いんげんはすじを取り除いて塩ゆでし、食べやすい大きさに切る。

4 青ずいきは皮をむき、酢を入れた熱湯で色よくゆでて氷水に落とし、さましてから合わせだしに浸して味を含ませたら、2cm長さに切る。

5 牛肉は1cm厚さに切り分け、塩、こしょうをし、サラダ油を敷いたフライパンで両面に焼き色をつける。

6 スライスした赤玉ねぎをパプリカの中にそれぞれ詰め、サラダ菜を敷く。赤パプリカには車エビ、揚げなす、いんげんを盛りつけ、小さな星型で抜いた赤パプリカを飾る。

7 黄パプリカにはひと口大に切った和牛のローストを盛りつける。スライスし、細い三角形に切った紅芯大根、かいわれ大根をちらす。

8 オレンジパプリカには1cm程度の輪切りにした鶏の八幡巻きを盛りつけ、青ずいきのおひたし、クコの実を天盛りにする。ナデシコの花を飾る。

9 器に冬瓜のクリスマスツリーをのせ、中にLEDライトを入れて明かりを灯す。3種のチューリップ形パプリカを器にのせる。

冠婚葬祭の飾り切り

誕生日のフルーツ盛り合わせ

59ページ

《材料》

スイカの誕生器…1個

●豆乳プリン

豆乳…200㎖
砂糖…50g
全卵…5個
板ゼラチン(水でふやかしておく)…1枚

●フルーツのシロップ煮

いちじく…50g
オレンジ…30g
ぶどう(巨峰)…5個
ミニトマト(赤、黄)…各2個
シロップ(配合は水10、砂糖1)
レモン(スライス)…2枚

●にんじんのシロップ煮

にんじんのカーネーション…3個
シロップ(配合は水1、砂糖1)
ミント…適宜

《作り方》

1 スイカは上部を1/3のところで切り分け、果肉をくり抜き、表面に食彩細工を施す。果肉は丸くくり抜いて形を整える。

2 豆乳プリンの材料を混ぜ合わせて漉し、容器に流して固まるまで蒸し上げる。粗熱を取ったら冷蔵庫で冷やす。

3 フルーツとミニトマトをシロップとレモンと一緒にさっと煮て味を含ませる。粗熱を取り、冷蔵庫で冷やす。

4 にんじんは皮をむいてカーネーションの花形に食彩細工を施す。牛乳、また

は米のとぎ汁で下ゆでして特有の臭みを取り、シロップで煮含める。粗熱を取り、冷蔵庫で冷やす。

5 いちじくは皮をむいてくし切りにし、ぶどうとミニトマトは半分に切る。豆乳プリンはくり抜き器で丸く抜く。

6 スイカの器にフルーツ、ミニトマト、豆乳プリンを盛り合わせ、ミントをあしらう。

7 皿にのせてスイカのフタを立てかけ、にんじんのシロップ煮を添える。

お造り祝い盛り

60ページ

《材料》

スイカの祝い飾り…1個
タイ…1尾
サンマ(おろし身)…30g
車エビ…2尾
カツオ(サク取りしたもの)…40g
サーモン(サク取りしたもの)…40g
菊花、大葉、海藻麺…各適宜
すだち…1個
にんじんの亀…2枚
よりきゅうり…適宜

《作り方》

1 スイカは底を軽く切って座りをよくし、文字を印刷した紙を張りつけ、印刷に沿って寿形に食彩細工を施す。まわりに果肉の赤が映えるように飾りを彫る。

2 タイは中骨に頭と尾を残して3枚におろす。おろし身は皮目を上にして立て板におき、立て板ごと斜めに立てかけて熱湯をまわしかけ、すぐに氷水に取る。水気を取り、そぎ造りにする。

3 サンマのおろし身は酢締めにし、色紙造りにする。

4 車エビは背ワタを取り、頭と尾ひと節を残して殻をむく。先に頭と尾を熱湯につけ、色が変わったら身を湯に落として湯ぶりし、氷水に取って水気を取る。

5 カツオとサーモンはそれぞれ角造りにする。

6 菊花は酢を加えた熱湯にさっと通し、冷水にとって水気を絞る。

7 皿にスイカをのせ、下駄の上にタイの中骨をのせ、大葉を敷いてタイの造りを盛りつける。

8 サンマ、カツオ、サーモン、車エビを3か所に彩りよく盛りつけ、半分に切ったすだち、菊花、海藻麺を添える。

9 薄切りにして亀型で抜いたにんじん、よりきゅうりを飾る。

スイカのカーニバル

61ページ

《材料》

スイカの器…1個

●スイカジュレ
スイカ汁…５００mℓ
砂糖…１００g
板ゼラチン(水でふやかしておく)…1枚
いちご…5個
オレンジ…1個
キウイフルーツ…1個
さくらんぼ…5個
ミントの葉…適宜

《作り方》

1 スイカは上部を丸く切り取って中身をくり抜き、食彩細工を施して器にする。

2 スイカ汁に砂糖を入れて火にかけ、砂糖が溶けたらゼラチンを加えて溶かす。流し缶に流し、冷蔵庫で冷やし固める。

3 スイカの器に1／4に切ったいちご、薄皮ごとむいてひと口大に切ったオレンジ、くし切りにしたキウイフルーツ、さくらんぼ、スイカジュレを盛り合わせ、ミントの葉をちらす。

祝いのすし

62ページ

《材料》

●栗の甘露煮
栗…3個
シロップ(配合は水2、砂糖1)
クチナシの実…適宜

●にんじんと南瓜の八方煮
にんじんのもみじ…5個
南瓜の木の葉…3個
八方だし(配合はだし16、みりん1、薄口醤油0.8、塩少々)

●茗荷の甘酢漬け
茗荷…1本
甘酢(配合は水2、酢1、砂糖1、塩0.1)
すし酢(配合は酢10、砂糖7、塩2)
ご飯…1合分
カンパチ(おろし身)…50g
マグロ赤身(サク取りしたもの)…50g
タイ(おろし身)…50g
タコ足…1本分
車エビ…5尾
きゅうり…1本
オクラ…適宜
紅芯大根…適宜
大葉…適宜

《作り方》

1 栗はひと晩水に浸し、皮をむく。クチナシの実と一緒にシロップで煮て味と色を含ませる。

2 にんじんは皮をむいて5～6㎜厚さに輪切りし、もみじ型で抜く。包丁で葉脈を入れ、牛乳、または米のとぎ汁で下ゆでして特有の臭みを抜き、八方だしで含め煮にする。

3 南瓜はワタを取って5～6㎜厚さに切り、木の葉型で抜く。包丁で葉脈を入れ、皮をところどころ残してむく。少なめの八方だしを入れた鍋で蒸し煮し、火を止めて味を含ませる。

4 茗荷は熱湯でゆで、ざるにあげて塩をふって冷ます。甘酢に入れ、赤く色づくまで漬ける。

5 すし酢の材料を合わせて煮立て、さましてから炊いたご飯と合わせてすし飯を作る。

6 カンパチ、マグロ、タイはそれぞれそぎ切りにする。数枚を少しずつ重ねてくるくると巻き、上部を花びらのように開いてバラ形に整える。

7 器の中央にすし飯をのせ、薄切りにしたきゅうりをまわりに重ねて並べる。

8 きゅうりの外側に栗の甘露煮、にんじんのもみじ、頭と殻をはずして酒塩で煎ったエビを交互に並べる。

9 すし飯の上に大葉を敷き、バラ形にしたカンパチ、マグロ、タイの身を盛りつける。

10 南瓜の木の葉、薄切りにした紅芯大根とオクラ、ぶつ切りにしたタコ足、茗荷の甘酢漬けを盛りつける。

夏のちらしずし

62ページ

《材料》

ハモ（おろし身）…30g

●煮穴子

穴子（おろし身）…30g

煮汁（だし10、酒1、みりん1、濃口醤油0.5、砂糖0.2）

車エビ…3尾

マグロ（サク取りしたもの）…30g

●にんじんの八方煮

にんじんの金魚…2個

八方だし（配合はだし16、みりん1、薄口醤油0.8、塩少々）

●冬瓜の八方煮

冬瓜のツタの葉…3個

白八方だし（配合はだし12、酒1、みりん1、塩少々）

網大根…1枚

ご飯…100g

すし酢（配合は酢10、砂糖7、塩2）

錦糸卵…1個分

ミニトマト…3個

そら豆…3個

紅芯大根、かいわれ大根、チャービル…各適宜

《作り方》

1 ハモをおろし、皮一枚を残して骨切りし、3cm幅くらいに切ってバーナーで身の両面を炙る。

2 穴子をおろし、皮のぬめりを包丁でこそげとる。

3 煮穴子の煮汁の材料を合わせて沸騰させ、穴子を入れる。落としぶたをし、柔らかくなるまで20分ほど煮る。ザルに上げてさまし、1cm幅くらいに切り分ける。

4 車エビは背ワタを取り、塩を少々加えた熱湯で霜降りして殻をむく。酒八方だしに入れ、ひと煮立ちしたら火を止め、味を含ませる。マグロは角造りにする。

5 にんじんは皮をむいて1cm程度の厚みに切って金魚型で抜き、ひれや目の模様を包丁で入れる。牛乳、または米のとぎ汁で下ゆでして特有の臭みを抜き、八方だしで含め煮にする。

6 冬瓜は1cm程度の厚みに切ってツタの葉型で抜き、包丁で葉脈を入れ、白八方だしで煮含める。

7 大根は桂むきし、塩水に浸してしんなりしたら4〜5cm幅に折りたたみ、左右から交互に切り込みを入れて網大根にする。

8 すし酢の材料を合わせて煮立て、さましてから炊いたご飯と合わせてすし飯を作る。

9 器にすし飯をよそい、錦糸卵をちらす。マグロ、エビ、ハモ、煮穴子、冬瓜の八方煮、半分に切ったミニトマト、塩ゆでしたそら豆を彩りよくちらす。

10 薄切りにした紅芯大根、かいわれ大根、チャービルを飾り、網大根をかぶせ、にんじんの八方煮をのせる。

■ 料理制作協力／
百万一心味　天地の会

鯵ヶ沢支部	松井 安一
昼神支部	河田 真也
開田支部	藁谷 信一
飯田支部	佐々木 敏雄
那須支部	木村 信彦
草津支部	矢野 宗幸
磯部支部	戎　祥成
福島支部	隈本 辰利
穴原支部	元宗 邦弘
いわき支部	西森 徹治
月岡支部	山岡 孝行
新潟支部	山崎 亮
山代支部	春木 崇廣
金沢支部	田中 俊行
美濃支部	三宅 輝
岐阜支部	渡谷 真弘
三ケ日支部	大野 紀博
知多美浜支部	境　健次
羽島支部	戸田 充
加賀支部	馬道 誠
愛知支部	古川 和之
神戸北支部	池内 正浩
大阪支部	中村 博幸
三朝支部	森枝 弘好
鳥取支部	笹川 仁史
有馬支部	松本 真治
神戸支部	渡邊 佑馬
京綾部支部	田中 政俊
高槻支部	佐藤 学
丹後支部	武本 元秀
京都支部	長田 直樹
皆生支部	内海 努
宍道湖支部	下　雅則
湯田支部	清水 孝信
山口支部	梶本 剛史
湯村支部	井上 明彦
赤穂支部	川原 正己
姫路支部	米澤 信吾
淡路支部	坂本 貞夫
南淡路支部	間宮 亮太
西宮支部	柏木 直樹
阪神支部	武田 利史
琴平支部	山口 和孝
湯布院支部	山本 真也
下関支部	楳田 浩伺

■ 編集・取材／木村 奈緒（オフィスSNOW）
■ 撮影／吉田 和行
■ デザイン／株式会社スタジオゲット

食べて、楽しい！ 日本料理の食彩細工の技術

発行日　平成31年4月27日

著　者　森脇《もりわき》 公代《きみよ》

監　修　大田《おおた》 忠道《ただみち》

発行人　早嶋 茂
制作人　永瀬 正人
発行所　株式会社 旭屋出版
〒160-0005
東京都新宿区愛住町23-2 ベルックス新宿ビルⅡ6階
電　話　03-5369-6424（編集部）
03-5369-6423（販売部）
FAX　03-5369-6430（編集部）
03-5369-6431（販売部）

郵便振替　00150-1-19572
URL　http://www.asahiya-jp.com

印刷・製本　株式会社シナノパブリッシングプレス

ISBN978-4-7511-1381-3 C2077